ज़िद

[कविता-संग्रह]

ज़िद

राजेश जोशी

राजकमल प्रकाशन

ISBN : 978-81-267-2860-2

मूल्य : ₹300

पहला संस्करण : 2015
दूसरा संस्करण : 2021

प्रकाशक : राजकमल प्रकाशन प्रा.लि.
1-बी, नेताजी सुभाष मार्ग, दरियागंज
नई दिल्ली-110 002

शाखाएँ : अशोक राजपथ, साइंस कॉलेज के सामने, पटना-800 006
पहली मंजिल, दरबारी बिल्डिंग, महात्मा गांधी मार्ग, प्रयागराज-211 001
36-ए, शेक्सपियर सरणी, कोलकाता-700 017

वेबसाइट : www.rajkamalprakashan.com
ई-मेल : info@rajkamalprakashan.com

मुद्रक : बी.के. ऑफ़सेट
नवीन शाहदरा, दिल्ली-110 032

ZID
Poems by Rajesh Joshi

ऋतुराज
विष्णु नागर और
लीलाधर मंडलोई के लिए

अनुक्रम

कवि, चाँद और बिल्लियाँ

मन के एक टुकड़े से चाँद बनाया गया
और दूसरे से बिल्लियाँ

मन की ही तरह उनके भी हिस्से में आया भटकना
अव्वल तो वो पालतू बनती नहीं और बन जाएँ
तो भरोसे के लायक़ नहीं होतीं
उनके पाँव की आवाज़ नहीं होती
हरी चालाकी से बनाई गईं उनकी आँखें
अँधेरे में चमकती हैं
चाँद के भ्रम में वो भगोनी में रखा दूध पी जाती हैं

मन के एक हिस्से से चाँद बनाया गया
और दूसरे से बिल्लियाँ
चाँद के हिस्से में अमरता आई
और बिल्लियों के हिस्से में मृत्यु
इसलिए चाँद से गप्प लड़ाते कवि का
उन्होंने अक्सर रास्ता काटा
इस तरह कविता में संशय का जन्म हुआ

वो अपने सद्य:जात बच्चे को अपने दाँतों के बीच
इतने हौले से पकड़कर एक जगह से

दूसरी जगह ले जाती हैं
कवि को जैसे भाषा को बरतने का सूत्र
समझा रही हों!

17.3.07

परिन्दे पर कवि को पहचानते हैं

सालिम अली की क़िताबें पढ़ते हुए
मैंने परिन्दों को पहचानना सीखा
और उनका पीछा करने लगा
पाँव में जंज़ीर न होती तो अब तक तो
न जाने कहाँ का कहाँ निकल गया होता
हो सकता था पीछा करते-करते मेरे पंख उग आते
और मैं उड़ना भी सीख जाता

जब परिन्दे गाना शुरू करते
और पहाड़ अँधेरे में डूब जाते
ट्रक ड्राइवर रात की लम्बाई नापने निकलते
तो अक्सर मुझे साथ ले लेते
मैं परिन्दों के बारे में कई कहानियाँ जानता था
मुझे किसी ने बताया था कि जिनके पास पंख नहीं होते
और जिन्हें उड़ना नहीं आता
वे मन-ही-मन सबसे लम्बी उड़ान भरते हैं
इसलिए रास्तों में जो जान-पहचानवाले लोग मिलते
मुझसे हमेशा परिन्दों की कहानियाँ सुनाने को कहते

दोस्त जब पूछते थे तो मैं अक्सर कहता था
मुझे चिट्ठी मत लिखना
परिन्दों का पीछे करनेवाले का

कोई स्थायी पता नहीं होता
मुझे क्या ख़बर थी कि एक दिन ऐसा आएगा
जब चिट्ठी लिखने का चलन ही अतीत हो जाएगा

न जाने किन कहानियों से उड़ान भरते
कुछ अजीब-से परिन्दे हमारे पास आते थे
जो गाते-गाते एक लपट में बदल जाते
और देखते-देखते राख हो जाते
पर एक दिन बरसात आती
और वे अपनी ही राख से फिर पैदा हो जाते

पता नहीं हमारे आकाश में उड़नेवाले परिन्दे
कहानियों से निकलकर आए परिन्दों के बारे में
कुछ जानते थे या नहीं
उनकी आँख देखकर लेकिन लगता था
कि उन कवियों को परिन्दे पर जानते हैं
जो क़ुक़्नुस जैसे हज़ारों काल्पनिक परिन्दों की
कहानियाँ बनाते हैं

पाँव में जंज़ीर न होती तो शायद
एक न एक दिन मैं भी किसी कवि के हत्थे चढ़कर
ऐसे ही किसी परिन्दे में बदल गया होता!

22.5.15

सिर छिपाने की जगह

न उन्होंने कुंडी खड़काई न दरवाज़े पर लगी घंटी बजाई
अचानक घर के अन्दर तक चले आए वे लोग
उनके सिर और कपड़े कुछ भीगे हुए थे
मैं उनसे कुछ पूछ पाता, इससे पहले ही उन्होंने कहना शुरू कर दिया
कि शायद तुमने हमें पहचाना नहीं
हाँ...पहचानोगे भी कैसे
बहुत बरस हो गए मिले हुए
तुम्हारे चेहरे को, तुम्हारी उम्र ने काफ़ी बदल दिया है
लेकिन हमें देखो हम तो आज भी बिलकुल वैसे ही हैं
हमारे रंग ज़रूर कुछ फीके पड़ गए हैं
लेकिन क्या तुम सचमुच इन रंगों को नहीं पहचान सकते
क्या तुम अपने बचपन के सारे रंगों को भूल चुके हो
भूल चुके हो अपने हाथों से खींची गई सारी रेखाओं को
तुम्हारी स्मृति में क्या हम कहीं नहीं हैं?
याद करो यह उन दिनों की बात है जब तुम स्कूल में पढ़ते थे
आठवीं क्लास में तुमने अपनी ड्राइंग कॉपी में एक तस्वीर बनाई थी
और उसमें तिरछी और तीखी बौछारोंवाली बारिश थी
जिसमें कुछ लोग भीगते हुए भाग रहे थे
वह बारिश अचानक ही आ गई थी शायद तुम्हारे चित्र में
चित्र पूरा करने की हड़बड़ी में तुम सिर छिपाने की जगहें बनाना भूल गए थे
हम तब से ही भीग रहे थे और तुम्हारा पता तलाश कर रहे थे

बड़े शहरों की बनावट अब लगभग ऐसी ही हो गई है
जिनमें सड़कें हैं या दुकानें ही दुकानें हैं
लेकिन दूर-दूर तक उनमें कहीं सिर छिपाने की जगह नहीं
शक करने की आदत इतनी बढ़ चुकी है कि तुम्हें भीगता हुआ देखकर भी
कोई अपने ओसारे से सिर निकालकर आवाज़ नहीं देता
कि आओ यहाँ सिर छिपा लो और बारिश रुकने तक इन्तज़ार कर लो
घने पेड़ भी दूर-दूर तक नहीं कि कोई कुछ देर ही सही
उनके नीचे खड़े होकर बचने का भरम पाल सके
इन शहरों के वास्तुशिल्पियों ने सोचा ही नहीं होगा कभी
कि कुछ पैदल चलते लोग भी इन रास्तों से गुज़रेंगे
एक पल को भी उन्हें नहीं आया होगा ख़याल
कि बरसात के अचानक आ जाने पर कहीं सिर भी छिपाना होगा उन्हें
सबको पता है कि बरसात कई बार अचानक ही आ जाती है
सबके साथ कभी न कभी हो चुका होता है ऐसा वाकया
लेकिन इसके बाद भी हम हमेशा छाता लेकर तो नहीं निकलते

फिर अचानक उनमें से किसी ने पूछा
कि तुम्हारे चित्र में होती बारिश क्या कभी रुकती नहीं
तुम्हारे चित्र की बारिश में भीगे लोगों को तो
तुम्हारे ही चित्र में ढूँढ़नी होगी कहीं
सिर छिपाने की जगह

उन्होंने कहा कि हम बहुत भीग चुके हैं जल्दी करो और बताओ
कि क्या तुमने ऐसा कोई चित्र बनाया है
जिसमें कहीं सिर छिपाने की जगह भी हो?

22.7.10

अँधेरे के बारे में कुछ वाक्य

अँधेरे में सबसे बड़ी दिक़्क़त यह थी कि वह क़िताब पढ़ना
नामुमकिन बना देता था

पता नहीं शरारतन ऐसा करता था या क़िताब से डरता था
उसके मन में शायद यह संशय होगा कि क़िताब के भीतर
कोई रोशनी कहीं न कहीं छिपी हो सकती है
हालाँकि सारी क़िताबों के बारे में ऐसा सोचना
एक क़िस्म का बेहूदा सरलीकरण था
ऐसी क़िताबों की संख्या भी दुनिया में कम नहीं,
जो अँधेरा पैदा करती थीं
और उसे रोशनी कहती थीं

रोशनी के पास कई विकल्प थे
ज़रूरत पड़ने पर जिनका कोई भी इस्तेमाल कर सकता था
ज़रूरत के हिसाब से कभी भी उसको
कम या ज़्यादा किया जा सकता था
ज़रूरत के मुताबिक़ परदों को खींचकर
या एक छोटा-सा बटन दबाकर
उसे अँधेरे में भी बदला जा सकता था
एक रोशनी कभी-कभी बहुत दूर से चली आती थी हमारे पास
एक रोशनी कहीं भीतर से, कहीं बहुत भीतर से
आती थी और दिमाग़ को एकाएक रौशन कर जाती थी

एक शायर दोस्त रोशनी पर भी शक करता था
कहता था, उसे रेशा-रेशा उधेड़कर देखो
रोशनी किस जगह से काली है

अधिक रोशनी का भी चकाचौंध करता अँधेरा था

अँधेरे से सिर्फ़ अँधेरा पैदा होता है यह सोचना ग़लत था
लेकिन अँधेरे के अनेक चेहरे थे
पावर हाउस की किसी ग्रिड के अचानक बिगड़ जाने पर
कई दिनों तक अन्धकार में डूबा रहा
देश का एक बड़ा हिस्सा
लेकिन इससे भी बड़ा अँधेरा था
जो सत्ता की राजनीतिक ज़िद से पैदा होता था
या किसी विश्वशक्ति के आगे घुटने टेक देनेवाले
ग़ुलाम दिमाग़ों से!

एक बौद्धिक अन्धकार मौक़ा लगते ही सारे देश को
हिंसक उन्माद में झोंक देता था

अँधेरे से जब बहुत सारे लोग डर जाते थे
और उसे अपनी नियति मान लेते थे
कुछ ज़िद्दी लोग हमेशा बच रहते थे समाज में
जो कहते थे कि अँधेरे समय में अँधेरे के बारे में गाना ही
रोशनी के बारे में गाना है

वे अँधेरे समय में अँधेरे के गीत गाते थे

अँधेरे के लिए यही सबसे बड़ा ख़तरा था।

20.9.12

बाहर-भीतर

पटरियों पर दौड़ रही थी इन्दौर-भोपाल इंटरसिटी एक्सप्रेस
वातानुकूलित कुर्सीयान की खिड़की से देख रहा था
मैं बाहर का दृश्य
उलटी दिशा में दौड़ रहे थे खेत, मकान, दरख़्त और बिजली के खम्भे
बाहर के दृश्य में जीवन की हलचल थी
अभी-अभी बच्चों के एक झुंड ने किलकारियाँ मारकर
दौड़ लगाई थी रेलगाड़ी के साथ-साथ
सारे दृश्य थे लेकिन मूक़ फ़िल्मों की तरह
जीवन को इतना बेआवाज़ देखना
भयभीत कर गया मुझे

डरकर नज़रें हटा लीं मैंने, खोल ली एक क़िताब
बग़ल की सीट पर बैठा यात्री कान से मोबाइल सटाए
बहुत देर से कुछ बोले जा रहा था लगातार
क़िताब के पृष्ठों में बसी आवाज़हीन आवाज़ों को
सुनना नामुमकिन था
कानों पर हमला कर रहे थे अटपटे शब्द और आवाज़ें
जिनसे मेरा कोई ताल्लुक़ नहीं था
मोबाइल! मोबाइल! मोबाइल!
हमारे समय ने पैदा की थी यह सुविधा
जो बेरहमी से रौंदती चली जाती थी दूसरों की निजता
बामुश्किल बन्द हुआ बग़ल वाले का मोबाइल

तो पीछे की सीट वाले यात्री का मोबाइल बजने लगा
फिर आगे की सीट वाले का और फिर किसी और यात्री का
सारी बोगी धीरे-धीरे बातों से भरती चली गई
सब बोल रहे थे ज़ोर-ज़ोर से
और किसी की बातों का दूसरे से कोई सम्बन्ध नहीं था
एक यात्री अपने कान से मोबाइल सटाए
अपनी सीट से उठकर आगे चला जा रहा था
उसे शायद सुनने में असुविधा हो रही थी

बाहर के दृश्य में जीवन था लेकिन बेआवाज़
और भीतर आवाज़ें ही आवाज़ें थीं पर जीवन नहीं था

शीशे के इस बन्द तिलिस्म से निकलकर बाहर जाना सम्भव नहीं था
और नामुमकिन था शामिल हो पाना भीतर के दृश्य में।

18.9.06

रोशनाई

मेरी साँसों और सपनों से कभी अलग नहीं हुए
बचपन में उँगलियों पर लगे स्याही के दाग़ और उसकी ख़ुशबू

कई दिन हुए मेहरुन्निसा परवेज़[1] ने सुनाया था एक क़िस्सा
कि बचपन में जब वह रोटियाँ सेंकना सीख रही थीं
उनकी उँगलियाँ गरम तवे पर चिपक गईं
उनकी माँ ने दवात खोलकर तत्काल
जली हुई उँगलियों पर मल दी थी स्याही
उस दिन से उनके सपनों और साँसों का
स्याही की ख़ुशबू और उसके रंग से एक ऐसा रिश्ता बना
जो कभी नहीं टूटा
और शायद इसीलिए एक दिन वह कहानियाँ लिखने लगीं

बचपन में अपनी उँगलियों पर लगी स्याही के दाग़ों को
मैंने भी बार-बार छुटाने की कोशिश की
साबुन से कई-कई बार अपने हाथों को धोया
खुरदरे पत्थरों पर उँगलियों को घिसा
लेकिन हर बार कहीं न कहीं छूट ही जाता था
स्याही का कोई दाग़
त्वचा और नाख़ून के बीच हमेशा रह जाती थी
स्याही की एक बारीक़-सी लकीर

1. हिन्दी की एक कथाकार

कभी-कभी रोटी का कौर तोड़ते वही स्याही रोटी पर लग जाती थी
और इस तरह वह मेरी आँत और आत्मा में उतर गई
कितनी भी एहतियात बरतूँ कपड़ों पर लग ही जाते थे उसके दाग़
स्याही के दाग़ों से सजी बचपन की वे क़मीज़ें
सपनों की किसी अरगनी पर सूखती हुई
आज भी मेरी नींद में चली आती हैं

काली अँधेरी रात को निचोकर बनाया गया उसे
या धुएँ को गलाकर
नीले आसमान से चुराया गया
या समुद्र की अथाह गहराइयों से
मुझे नहीं मालूम
पर कहा जाता है
कि उसके और बुद्ध के जन्म की तारीख़ एक है

जिस दिन मनुष्य ने उससे अपना पहला शब्द लिखा
स्याही रोशनाई में तब्दील हो गई
और शब्द
काग़ज़ पर उजाले की तरह फैल गया!

28.6.13

सेकंडहैंड क़िताबें

फुटपाथ पर चलनेवाले ही हैं इनके असल क़द्रदाँ!

फुटपाथ पर यहाँ-वहाँ लगी हैं पुरानी क़िताबों की
छोटी-बड़ी कई ढेरियाँ
सेकंडहैंड क़िताबों की उन ढेरियों में
मैं तलाशता हूँ
अपने काम की कोई क़िताब

पीला पड़ चुका है इनका काग़ज़ और किनारों से
कुछ ज़्यादा मटमैले हो चुके हैं उनके पन्ने
जिल्द भी थोड़ी ढीली हो चुकी है
किसी-किसी क़िताब की जिल्द पर चढ़ी जैकेट
जगह-जगह से फट गई है

मुझसे पहले भी इन क़िताबों को पढ़ चुकी हैं
कुछ दूसरी आँखें
पन्नों को पलट चुकी हैं किसी और की उँगलियाँ
पन्ने पलटने के लिए अगर उसमें उँगली को अपने होंठों से
बार-बार गीला करने की बुरी आदत रही होगी
तो पन्नों पर कहीं-कहीं उसका थूक भी लगा होगा
जो अब सूख चुका है
कई बार उसने पन्नों के किनारे को मोड़कर छोड़ा होगा

मुड़े हुए कोने के शल का निशान अब भी मौजूद है
पढ़ते-पढ़ते कई बार उसकी आँख लग गई होगी
और सीने पर रात-भर रखी रही होगी खुली क़िताब
उसके सपने और उसकी धड़कनों की न सुनी जा सकनेवाली
कोई बहुत धीमी आवाज़
इनके फड़फड़ाते पन्नों में कहीं बिंधी होगी

कहीं-कहीं कुछ पंक्तियों को उसने पेंसिल से
या कभी-कभी पेन से
अंडर लाइन कर दिया है
पन्ने पलटते हुए निगाह उन पंक्तियों पर रुकती है
ज़रूरी नहीं कि मुझे वही पंक्तियाँ ज़रूरी लगें
फिर भी पल-भर को ठहर ही जाती है
उन पर निगाह

पहले पृष्ठ पर उसके दस्तख़त हैं और तारीख़ भी
जिसने शायद इसे पहली बार ख़रीदा होगा
उस व्यक्ति से मेरी कोई जान-पहचान नहीं
एक अदृश्य पुल फिर भी हमारे बीच बन जाता है

लकदक बाज़ार ने हाशिये पर धकेल दिया है क़िताबों को
लाखों क़िताबें हर दिन
सेकंडहैंड क़िताबों में बदल जाती हैं
गनीमत है कि सेकंडहैंड क़िताबों में छपे शब्द
कभी सेकंडहैंड नहीं होते
सेकंडहैंड क़िताबों में छपी कविताएँ
कभी सेकंडहैंड नहीं होतीं
क्या उन कविताओं के बिना क़िताब का कोई
अलग अस्तित्व है?

किसी क़िताब को उठाकर दुकानदार से भाव-ताव करता हूँ
कहता हूँ देखो यह तो सेकंडहैंड क़िताब है
और कितनी पुरानी भी हो गई है
सेकंडहैड क़िताब की क़ीमत तो उसकी असल क़ीमत से
आधी या कम-से-कम कुछ कम होना चाहिए
जो क़ीमत तुम माँग रहे हो यह तो नई क़िताब की
असल क़ीमत से भी ज़्यादा है
शातिर दुकानदार मेरी आँखों में
मेरी चाहत को पढ़कर मुस्कुराता है
कहता है कुछ क़िताबों की क़ीमत पुरानी होने पर
और ज़्यादा बढ़ जाती है साहब

दुकानदार से चलती झिकझिक के बीच अचानक लगता है
कि क़िताब जैसे मेरी ही तरफ़ देख रही है
मेरी उम्र का अनुमान लगाती वह भी शायद
कह रही है वही बात मुझसे
जो कुछ देर पहले मैं कह रहा था दुकानदार से!

10.6.13

नसरगट्टे

कई बार तुमने उन बच्चों को देखा होगा
वे कभी स्कूल नहीं गए
कभी गए तो स्कूल से भाग आए
क्योंकि उन स्कूलों में मास्टर बहुत मरखने थे
और इसके बाद क़िताबों में कभी उनका मन नहीं लगा

उनके पिताओं ने उन्हें होटलों या दीगर दुकानों
या रईस लोगों के मकानों पर काम पर लगा दिया
वे काम पर जाने के लिए पीटे गए
और काम पर अपने मालिकों द्वारा भी पीटे गए
वे हर जगह से भाग खड़े हुए

अपनी छोटी-मोटी ज़रूरतों के लिए उन्होंने चोरियाँ कीं
पकड़ में आने पर लोगों द्वारा पीटे गए
और थानें में ले जाए गए
तो पुलिसवालों ने भी उनकी धुनाई की

वे इतने पिट चुके हैं कि रोना भूल गए हैं
दुख जैसा कोई शब्द उनके पास नहीं है
इस क्रूरता के बीच भी कमाल की शरारतें
हमेशा उनके दिमाग़ों से उपजती रहती हैं
कभी-कभी जब ऊब पूरी दोपहर को

अपने आग़ोश में समेट लेती है
उनकी शरारतों से
चाक़ूबाज़ क़िस्म के गुंडे और क्रूर हो चुके पुलिसवाले भी
हँस-हँसकर दोहरे हो जाते हैं
कम-से-कम उस एक क्षण में
सबसे क्रूर लोग भी मनुष्य की तरह नज़र आते हैं

इन बच्चों को इस तरह की शरारत करते तुमने
कई बार अपने आस-पास के ढाबों या चाय की दुकानों पर
देखा होगा
ये बच्चे अपनी शरारतों से आज भी जीवन को
हँसने लायक़ बना रहे हैं।

24.6.11

अनुपस्थित-उपस्थित

मैं अक्सर अपनी चाबियाँ खो देता हूँ

छाता मैं कहीं छोड़ आता हूँ
और तर-ब-तर होकर घर लौटता हूँ
अपना चश्मा तो मैं कई बार खो चुका हूँ
पता नहीं किसके हाथ लगी होंगी वे चीज़ें
किसी न किसी को कभी न कभी तो मिलती ही होंगी
वे तमाम चीज़ें जिन्हें हम कहीं न कहीं भूल आए

छूटी हुई हर एक चीज़ तो किसी के काम नहीं आती कभी भी
लेकिन कोई न कोई चीज़ तो किसी न किसी के
कभी न कभी काम आती ही होगी
जो उसका उपयोग करता होगा
जिसके हाथ लगी होंगी मेरी छूटी हुई चीज़ें
वह मुझे नहीं जानता होगा
हर बार मेरा छाता लगाते हुए
वह उस आदमी के बारे में सोचते हुए
मन-ही-मन शुक्रिया अदा करता होगा जिसे वह नहीं जानता

इस तरह एक अनाम अपरिचित की तरह उसकी स्मृति में
कहीं न कहीं मैं रह रहा हूँ जाने कितने दिनों से
जो मुझे नहीं जानता

जिसे मैं नहीं जानता
पता नहीं मैं कहाँ-कहाँ रह रहा हूँ
मैं एक अनुपस्थित-उपस्थित!

एक दिन रास्ते में मुझे एक सिक्का पड़ा मिला
मैंने उसे उठाया और आस-पास देखकर चुपचाप जेब में रख लिया
मन नहीं माना, लगा अगर किसी ज़रूरतमन्द का रहा होगा
तो मन-ही-मन वह कुढ़ता होगा
कुछ देर जेब में पड़े सिक्के को उँगलियों के बीच घुमाता रहा
फिर जेब से निकालकर एक भिखारी के कासे में डाल दिया
भिखारी ने मुझे दुआएँ दीं

उससे तो नहीं कह सका मैं
कि सिक्का मेरा नहीं है
लेकिन मन-ही-मन मैंने कहा
कि ओ भिखारी की दुआओ
जाओ उस शख़्स के पास चली जाओ
जिसका यह सिक्का है।

18.9.12

पाँव की नस

पाँव की कोई नस अचानक चढ़ जाती है
इतना तेज़ दर्द कि पाँव की मामूली-सी जुम्बिश भी
इस नामुराद को बर्दाश्त नहीं

सोचता हूँ और भी तमाम नसें हैं शरीर में
सलीक़े से जो रही आती हैं हमेशा अपनी-अपनी जगह
एक यही कमज़र्फ़ क्यों वक़्त-बेवक़्त ऐंठकर
मेरा सुख-चैन छीन लेती है

पैरों के साथ बरती गई न जाने कौन-सी लापरवाही का
बदला ले रही थी वह नस
मुझे लगा अपनी अकड़ती आवाज़ में कह रही हो जैसे
कि दिन-भर बेरहम जल्लादों की तरह थकाया तुमने पैरों को
और बदले में क्या दिया?
दिन-भर हम्मालों की तरह भार ढोया पैरों ने तुम्हारे शरीर का
कितनी सड़कें नापीं, ख़ाक छानी
कितनी आड़ी-टेढ़ी गलियों की
कितनी भटकनों की स्मृतियाँ दर्ज़ इनके खाते में

इन्होंने जहाँ चाहा वहाँ पहुँचाया तुमको
घंटों जूतों में क़ैद रखा तुमने इन्हें
थकान से चूर तुम तो सोते समय भी

पैरों को ठंडे पानी से धोना भूल गए
और पड़ गए बिस्तर पर

खींचकर अपना हाथ उँगलियों से टोता हूँ नस को
धीरे-धीरे सहलाता हूँ, दबाता हूँ
जातियों के जन्म की कोई मनुवादी धारणा
कौंधती है दिमाग़ में
इतनी पीड़ा कि फूट पड़ती है हँसी और कराह एक साथ

ओह! पिंडली की एक नस ने हिलाकर रख दिया है
मेरे पूरे वजूद को
कितना असमर्थ कर दिया है इसने
पाँव को उतारकर ज़मीन पर टिकाना भी नामुमकिन
कम्बख़्त एक नस ने ज़रा-सा ऐंठकर
हर मुमकिन को कर दिया
नामुमकिन!

13.6.13

एक कुख्यात अपराधी की आत्मकथा

एक कुख्यात अपराधी की आत्मकथा की हज़ारों प्रतियाँ
बाज़ार में आते ही हाथों-हाथ बिक गईं
जबकि उसी के बग़ल में रखी महापुरुष की आत्मकथा के
ख़रीदार मुश्किल से चार या पाँच थे
उनमें दो अधेड़ और तीन बूढ़े थे और एक स्त्री थी
जो अविवाहिता थी, जिसके बाल पक चुके थे
और सेवानिवृत्त होकर वह एक एनजीओ में सोशल वर्क करती थी

कुछ बूढ़े जो रोज़ शाम साथ-साथ टहलने निकलते थे
क़िताबों की दुकान पर आकर रुक जाते थे
महापुरुष की आत्मकथा को वे अक्सर दूर से देखते रहते
कभी-कभी उसे उठाकर यों ही उलटते-पलटते
और अपने अतीत के क़िस्से सुनाने लगते
एक था जो कभी महापुरुष से मिल चुका था
बाक़ी ने महापुरुष को अपने शहर से गुज़रते समय
स्टेशन पर जाकर देखा था
एक तो उससे भी वंचित रह गया था क्योंकि ऐन वक़्त पर
उसके पिता ने उसे जाने से रोक दिया था

सारे क़िस्से पहले भी कई बार सुनाए जा चुके होते थे
लेकिन फिर भी बार-बार दोहराए जाते थे
और कोई नहीं टोकता था कि यह क़िस्सा तो

पहले भी कई बार सुनाया जा चुका है
उनका कोई ज़िक्र महापुरुष की आत्मकथा में नहीं था
पर उन्हें जाने क्यों ऐसा लगता था कि
वे कहीं न कहीं उस आत्मकथा में मौजूद हैं

सनसनी और उत्तेजनाओं से लबरेज़ थी
कुख्यात अपराधी की आत्मकथा
उसको ख़रीदने और रात-भर में पूरा पढ़ डालनेवाले
पाठकों में ज़्यादातर लोग अपराधी नहीं थे
अपराध की गनगनाती दुनिया उनका सपना नहीं थी
लेकिन उसकी सनसनाहट उनके लहू में दौड़ती थी
उनकी रगों को झनझना देती थीं अपराधी की हिम्मत
और सूझबूझ से भरी सनसनीखेज़ वारदातें
हमारे समय की तीव्र गतियों को
अपराध की दुनिया से अपनी ख़ुराक मिलती थी

कुख्यात अपराधी की जीवनी में उसके नाम राशि
एक बादशाह का ज़िक्र आता था
जिसने मवेशियों और परिन्दों सहित पूरी कायनात पर
किसी समय हुकूमत की थी
और एक जनश्रुति के अनुसार उसके सिर्फ़ छूने भर से
लोहे की मज़बूत छड़ मुड़कर गोल हो गई थी[1]
कुख्यात अपराधी सपने में बादशाह की पोशाक में
अपने को देखता था

बूढ़े जब किसी नौजवान को कुख्यात अपराधी की
आत्मकथा ख़रीदते हुए देखते
तो उन्हें बहुत ग़ुस्सा आता
ग्राहक की पीठ फिरते ही वे समय पर लानत भेजते

1. सन्दर्भ : डोंगरी से दुबई तक : एस. हुसैन ज़ैदी, अनुवाद : मदन सोनी

और नई पीढ़ी को कोसने लगते
दुकानदार की नज़र बचाकर वे धीरे से महापुरुष की आत्मकथा को
कुख्यात अपराधी की आत्मकथा के बग़ल से उठाकर
अलग जगह रख देते
लेकिन कुछ देर बाद ही पता नहीं कैसे
कुख्यात अपराधी की आत्मकथा और महापुरुष की आत्मकथा
फिर अगल-बग़ल आ जाती थी
जैसे इसके बग़ैर
हमारे समय का दृश्य ही पूरा नहीं होता हो!

19.5.15

ज़िद

निराशा मुझे माफ़ करो आज मैं नहीं निकाल पाऊँगा तुम्हारे लिए समय
आज मुझे एक ज़रूरी मीटिंग में जाना है

मुझे मालूम है तुम भी वही सब कहोगी
जो दूसरे भी अक्सर ही कहते रहते हैं उन लोगों के बारे में
कि गिनती के उन थोड़े-से लोगों की बिसात ही क्या है
कि समाज में कौन सुनता है उनकी बात?
कि उनके कुछ करने से क्या बदल जाएगा इस दुनिया में?
हालाँकि कई बार उन्हें भी निरर्थक लगती हैं अपनी सारी कोशिशें
फिर भी एक ज़िद है कि लगे ही रहते हैं वे अपने काम में
कहीं घटी हो कोई घटना
दुनिया के किसी भी कोने में हुआ हो कोई अन्याय
कोई अत्याचार कोई दंगा या कोई दुर्घटना
वे हरकत में आ जाते हैं तत्काल
सूचित करने निकल पड़ते हैं सभी जान-पहचान के लोगों को
और अक्सर मुफ़्त या सस्ते में उपलब्ध किसी साधारण-सी जगह पर
किसी दोस्त के घर में या किसी सार्वजनिक उद्यान में
आहूत करते हैं वे एक मीटिंग
घंटों पूरी घटना पर गम्भीरता से बहस करते हैं
उसके विरुद्ध या पक्ष में पारित करते हैं एक प्रस्ताव

अपनी मीटिंग की वे ख़ुद ही तत्काल ख़बर बनाते हैं

ख़ुद ही उसे अख़बारों में लगाने जाते हैं
प्रतिरोध की इस बहुत छोटी-सी कार्यवाही की ख़बर
कभी-कभी कुछ अख़बार सिंगल कॉलम में छाप देते हैं
अक्सर तो बिना छपी ही रह जाती हैं उनकी ख़बरें

कई बार उदासी उन्हें भी घेर लेती है
उन्हें भी लगता है कि उनकी कोई आवाज़ नहीं इस समाज में

निराशा!
मैंने कई-कई बार तुम्हें उनके इर्द-गिर्द मँडराते
और फिर हाथ मलते हुए लौटते देखा है
मैंने देखा है तुम्हारे झाँसे में ज़्यादा देर तक नहीं रहते
वे लोग

कभी-कभी किसी बड़े मुद्दे पर वे रैलियाँ निकालते हैं
ख़ुद की ही जेबों को निचोड़कर
ख़ुद ही रात-रात जागकर तैयार करते हैं
मशालें पोस्टर और प्ले कार्ड
अगर रैली में जुट जाते हैं सौ-सवा सौ लोग भी
तो दुगुने उत्साह से भर जाते हैं वे

दुनियादार लोग अक्सर उनका मज़ाक उड़ाते हैं
असफलताओं का मखौल बनाना ही
व्यावहारिकता की सबसे बड़ी अक्लमन्दी है
कभी-कभी छेड़ने को और कभी-कभी ग़ुस्से में
पूछते हैं दुनियादार लोग
क्या होगा आपके इस छोटे-से विरोध से?

पर वे किसी से पलटकर नहीं पूछते कभी
कि तुम्हारे चुप रहने ने ही

कौन-सा बड़ा कमाल कर दिया है
इस दुनिया में?
पलटकर उन्होंने नहीं कहा कभी किसी से
कि दुनियादार लोगो! तुम्हारी चुप्पियों ने ही बढ़ाई है
अपराधों और अपराधियों की संख्या हर बार
कि शरीफ़जादो! तुम्हारी निस्संगता ने बढ़ाए हैं
अन्यायियों के हौसले
कि मक्कार चुप्पियों ने नहीं छोटी-छोटी आवाज़ों ने ही
बदली हैं अत्याचारी सल्तनतें

वे दुनियादार लोगों की सीमाएँ जानते हैं
उनके सिर पर भी हैं घर-गृहस्थी और बाल-बच्चों की
ज़िम्मेदारियाँ
भरसक कोशिश करते हैं कि दोनों कामों में सन्तुलन बना रहे
पर ऐसा अक्सर हो नहीं पाता
घर में भी अक्सर झिड़कियाँ सुननी पड़ती हैं उन्हें
सब उनसे एक ही सवाल पूछते हैं
कि दुनिया भर की फ़िक्र
वे ही क्यों अपने सिर पर लिये घूमते रहते हैं
कि उनके करने से क्या बदल जाएगा इस समाज में?

वे जो दुनिया की हर घटना के बारे में बोलते हैं
इस सवाल पर अक्सर चुप रह जाते हैं!

6.9.99

मिमियाना

पहले एक बकरी के मिमियाने की आवाज़ थी
फिर एक रेवड़ कहीं से अचानक आ गया
और सैकड़ों बकरियाँ मिमियाने लगीं

मैं घाटी के बीच था
यहाँ कुछ भी बोलो प्रतिध्वनित होता था
प्रतिध्वनित होकर मिमियाना कई गुना हो गया

एकाएक अपनी कलाई पर बँधी घड़ी की तरफ़
गई मेरी नज़र
समय की टिक-टिक
मिमियाने में बदल चुकी थी वहाँ।

19.3.15

मेरा नया फ़ोन नम्बर

मेरा फ़ोन नम्बर बदल गया था

बदल गए फ़ोन नम्बर की सूचना देने को कई पोस्टकार्ड लिखे मैंने
और तमाम दोस्तों के पते पर उन्हें पोस्ट कर दिया
दोस्त ने कहा कि एक पोस्टकार्ड प्रधानमंत्री को भी डाल दो
प्रधानमंत्री को पता नहीं कब तुमसे कोई काम पड़ जाए
मुझसे क्या काम पड़ना था प्रधानमंत्री को लेकिन मैंने सोचा
काम पड़े न पड़े पर मेरा नया फ़ोन नम्बर
प्रधानमंत्री के पास भी हो, इसमें क्या हर्ज है
और एक पोस्टकार्ड मैंने प्रधानमंत्री के पते पर भी डाल दिया

प्रधानमंत्री का कार्यालय चाहता
तो एक सिरफिरे का शग़ल मानकर
मेरे पोस्टकार्ड को कचरे की डलिया में डाल सकता था
पर मेरे पोस्टकार्ड के पता नहीं क्या-क्या अर्थ निकाले गए
समय ही ऐसा था कि छोटी-से-छोटी बात को भी
सन्देह की नज़र से देखा जाता था
मुश्किल से हफ़्ता भी नहीं बीता होगा कि एक पुलिसवाले ने
मेरा दरवाज़ा खटखटाया और पूछा
आपने ही प्रधानमंत्री को अपना फ़ोन नम्बर बदल जाने का
पोस्टकार्ड लिखा था?
मैंने स्वीकार में मुंडी हिलाई तो उसने कहा

कि चलिए आपको थाने पर बुलाया है
मन-ही-मन कहा मैंने
वाह! मेरे प्यारे जनतंत्र वाह!!
एक नागरिक के साधारण-से पोस्टकार्ड से इतना हड़कम्प!

थानेदार ने मुझे देखते ही दनादन दागे
एक के बाद एक कई सवाल
—क्या तुम कहीं के कोई अफ़लातून हो?
—तुमको अपना फ़ोन नम्बर बदल जाने की इत्तिला
प्रधानमंत्री को देने की क्या ज़रूरत थी?
—क्या प्रधानमंत्री तुमको व्यक्तिगत रूप से जानते हैं?
—क्या प्रधानमंत्री तुमसे बातचीत करते हैं?
—प्रधानमंत्री से तुम्हारी कितनी बार बातचीत हुई है और कब-कब?
—पिछली बार तुमने प्रधानमंत्री से कब बात की थी?

मैंने कहा रुकिए श्रीमान ज़रा साँस तो ले लीजिए
प्रधानमंत्री से मेरी कोई जान-पहचान नहीं
मैंने सोचा लेकिन कि मेरे जैसे साधारण नागरिक के
फ़ोन नम्बर बदल जाने की सूचना जब दूसरों को दे रहा हूँ
तो प्रधानमंत्री को भी दे दूँ
प्रधानमंत्री के पास देश-विदेश के तमाम महत्त्वपूर्ण फ़ोन नम्बर होते हैं
तो उनके पास अपने देश के एक साधारण नागरिक का भी
फ़ोन नम्बर होना चाहिए
क्या इस जनतंत्र में प्रधानमंत्री और एक साधारण नागरिक के बीच
चुनाव में वोट देने के अलावा कोई सम्बन्ध नहीं हो सकता?
प्रधानमंत्री को अपनी पार्टी के लिए वोट माँगने के अलावा
एक साधारण नागरिक से बात करने का
क्या कभी कोई और कारण
नहीं हो सकता?

थानेदार को शायद लगा कि मैं कोई सिरफिरा हूँ
और व्यर्थ ही वह अपना वक़्त मुझ पर बर्बाद कर रहा है
ऊपर का आदेश नहीं होता तो वह कब का मुझे
एक-दो झापड़ मारकर भगा देता
उसने लगभग बड़बड़ाते हुए अपने बग़ल में खड़े ठलुए से कहा
सरकार भी कैसे-कैसे चूतियों के साथ फँसा देती है...
जा जाकर मेरे लिए एक चाय बोल आ
इस बीच उसका कोई फ़ोन आ गया और थानेदार
फ़ोन पर बतियाने में मसरूफ़ हो गया

मैं थक गया था और इस बीच इतना वक़्त गुज़र गया
कि मुझे झपकी आ गई

अचानक मेरे फ़ोन की घंटी बजी और मैंने लपककर फ़ोन उठाया
फ़ोन पर बोलनेवाले ने फ़रमाया कि मैं प्रधानमंत्री बोल रहा हूँ
देखिए मेरी घड़ी अचानक बन्द हो गई है
क्या आप बता सकते हैं कि इस समय क्या बजा है?
मैं किसी और से भी पूछ सकता था लेकिन अचानक
मेरी नज़र अपनी टेबल पर पड़े आपके पोस्टकार्ड पर पड़ी
और मैंने सोचा कि मैं क्यों न आपसे ही पूछ लूँ
कि क्या समय हुआ है?

मैंने कहा बहुत-बहुत शुक्रिया प्रधानमंत्री जी
कि आपने मुझे इस लायक़ समझा
मुझे बेहत ख़ुशी होती यह बताते हुए
कि इस समय मेरी घड़ी में क्या बजा है
लेकिन इसमें एक समस्या है जो मुझे परेशान कर रही है
प्रधानमंत्री की घड़ी में और एक साधारण नागरिक की घड़ी में
बजनेवाला समय क्या एक ही हो सकता है?
क्या किसी ऐसे जनतंत्र की हम कल्पना कर सकते हैं

जिसमें सत्ता की घड़ी और जनता की घड़ी का
समय एक ही हो?
मेरी दिक़्क़त को थोड़ा-बहुत समझ रहे होंगे आप
लेकिन यक़ीन कीजिए कि सत्ताएँ अपनी घड़ी का समय
अपने देश के नागरिकों की घड़ी के समय से कभी नहीं मिलातीं
और ज़्यादातर गड़बड़ियाँ यहीं से पैदा होती हैं

तभी मुझे एक पुलिसवाले ने झिंझोड़कर जगाया
और गुर्राया—
जाओ, घर जाओ
और आइन्दा ऐसी हरकत करोगे
तो अन्दर कर दूँगा!

1.10.11

बिजली का मीटर पढ़नेवाले से बातचीत

बाहर का दरवाज़ा खोलकर दाख़िल होता है
बिजली का मीटर पढ़नेवाला
टॉर्च की रोशनी डालकर पढ़ता है मीटर
एक हाथ में उसके बिल बनाने की मशीन है
जिसमें दाख़िल करता है एक संख्या
जो बताती है
कि कितनी यूनिट बिजली ख़र्च की मैंने
अपने घर की रोशनी के लिए

—क्या तुम्हारी प्रौद्योगिकी में कोई ऐसी भी हिक़मत है
अपनी आवाज़ को थोड़ा-सा मज़ाकिया बनाते हुए
मैं पूछता हूँ
—जिससे जाना जा सके कि इस अवधि में
कितना अँधेरा पैदा किया गया हमारे घरों में?
हम एक ऐसे समय के नागरिक हैं
जिसमें हर दिन महँगी होती जाती है रोशनी
और बढ़ता जाता है अँधेरे का क्षेत्रफल लगातार
चेहरा घुमाकर घूरता है वह मुझे
चिढ़कर कहता है
मैं एक सरकारी मुलाज़िम हूँ
और तुम राजनीतिक बकवास कर रहे हो मुझसे

अरे नहीं-नहीं...
मैं समझाने की कोशिश करता हूँ उसे
मैं तो एक साधारण आदमी हूँ
और मैं अँधेरा शब्द का इस्तेमाल
किसी दूसरे अर्थ में नहीं कर रहा हूँ

मैं मीटर पढ़ने निकला हूँ महोदय लोगों से मज़ाक करने नहीं
वह भड़ककर कहता है
ऐसा कोई मीटर नहीं जो अँधेरे का हिसाब-क़िताब रखता हो
और इस बार तो बिजली की दरें भी बढ़ा दी हैं सरकार ने
आपने अख़बार में पढ़ ही लिया होगा
अगला बिल बढ़ी हुई दरों से ही आएगा

ओह!
तो इस तरह हमारी सब्र का इम्तहान लिया जाएगा
धीरे-धीरे हमारी आँखों को
और अधिक अँधेरे का अभ्यस्त बनाया जाएगा

ज़बान तक आने से पहले ही मैं इस वाक्य को
अपने भीतर ही दबा लेता हूँ...
और मन-ही-मन दोहराता हूँ सिर्फ़!

3.10.09

सेफ़्टी पिन और काहिली का क़सीदा

घर लौटते हुए बीच रास्ते में एक दिन अचानक
मेरी हवाई स्पंज चप्पल की एक बद्धी टूट गई
क़रीब से गुज़रती परिचित स्त्री ने मुस्कुराकर मुझे देखा
और अपनी चूड़ियों में लगी सेफ़्टी पिन खोलकर मेरी तरफ़ बढ़ा दी
इस तरह बीच बाज़ार एक बहुत मामूली-सी चीज़ ने
हाय मेरी लाज बचाई!

उस बहुत मामूली-सी चीज़ को अपनी चप्पल में लगाते हुए
मैंने मन-ही-मन आलस्य की स्तुति में चन्द सतरें बनाईं
आलस्य के ख़िलाफ़ सुभाषित रचनेवाले महापुरुषों को
कोसते हुए मैंने मन-ही-मन कहा
तुम नहीं जानते कि दुनिया की कितनी सारी ज़रूरी चीज़ों को
आदमी के आलस्य ने रचा है
सभी ने कभी न कभी जीवन में किया होगा सेफ़्टी पिन का उपयोग
पर वाल्टर हंट के बारे में जो एक बेहद आलसी आदमी था
शायद ही किसी ने कभी सोचने की ज़हमत उठाई होगी
अपनी काहिली के चलते ही उसने एक दिन
आविष्कार किया इस साधारण-से पिन का

मुख़्तसर यह कि एक दिन उसकी पत्नी को कहीं जाना था
और उसने देखा कि उसकी फ़्रॉक का एक बटन टूटा हुआ है
उसने पति से बाज़ार जाकर एक बटन ले आने की ज़िद की

लेकिन जैसा मैंने पहले ही बताया
कि वाल्टर हंट एक बेहद आलसी आदमी था
बहुत देर तक बाज़ार जाने और न जाने की उधेड़बुन में डूबा
वह अपने कमरे में ही चहलक़दमी करता रहा
फिर उसने पास ही पड़े एक पतले से तार को उठाया
और उसे मोड़कर एक पिन बनाया
और पत्नी को देते हुए बोला कि इसे अपनी फ़्रॉक में लगा लो

उसने पतले तारों के छोटे-बड़े कई टुकड़े इकट्ठे किए
और उन्हें मोड़-मोड़कर दिन-भर तरह-तरह के पिन बनाता रहा
एक दिन वह घर से बाहर निकला
और अपने इस आविष्कार को
एक उद्योगपति को सौ डॉलर में बेच आया

एक दिन निरर्थक शोर में डूबी
और रात-दिन बेचैनी से दौड़ती-भागती दुनिया में
एक आलसी आदमी ने मुझे एक शर्मनाक स्थिति से उबार लिया

अपनी हवाई स्पंज चप्पल की टूटी हुई बद्धी में सेफ़्टी पिन लगाकर
मैं अपने घर लौटा
और अपनी परिचित स्त्री के प्रति कृतज्ञ होते हुए
मैंने आदमी की काहिली के बारे में
यह क़सीदा बनाया।

29.8.13

सात दिनों में

मैं इतवार का आलस्य हूँ
और सोमवार की थोड़ी हड़बड़ी और बेचैनी भी

प्रवासी पक्षी लौटकर जा चुके हैं अपने देश
जलाशयों के पास पसरे सन्नाटे में
छूटे हुए पंखों-सी उदासी घिर रही है
मन में

मेरे दिमाग़ के घोंसले में
कहीं न कहीं सेये हैं सातों दिनों ने कभी न कभी अपने अंडे
उनकी गन्ध ने मेरी देह के कोनों कुचालों में
जगह-जगह बना लिये हैं अपने बिल
विस्मृत हो चुके हैं फ़ुरसत के पलों के दुख-सुख से भरे क़िस्से
समय चुरा कर ले गया है कल्पना के सारे घोड़े
रंग सूख चुके हैं और सीलन उतर आई है काग़ज़ों पर
वाद्यवृन्दों पर जम चुकी है धूल
बाज़ार की गिरफ़्त में फँसी दुनिया
जैसे बेतहाशा दौड़ती-भागती चीज़ होकर रह गई है

जीव विज्ञान कहता है मेढक की आँखों में होता है हमेशा
एक साफ़-सुथरा नीला आसमान सिर्फ़
धरती घूमती है और अँधेरा जब दाँत किटकिटाता है

ख़लल पैदा होता है जब उसकी नीली आभा में
अँधेरे को चीरता कोई मेढक टर्राता है

सात दिनों की करोड़ों आवृत्तियों से बनी धरती पर
अपनी देह में सातों दिनों के खटरागों को सुनता हुआ
भटकता हूँ मैं दरख़्तों के बीच कहीं खो चुकी
अपनी पगडंडियों को खोजता हुआ

ओ मेरी धरती!
मैं तुझे हमेशा सुन्दर और ख़ुश देखना चाहता हूँ
पर अन्तर के तलघर में कोई चिल्लाता है
कहाँ है, कहाँ है मेरा वह दिन
यह कैसा अँधेरा है
जो मेरे साफ़-सुथरे आसमान पर
हर पल बढ़ता ही जाता है?

27.6.13

देह–भाषा

मैं उसकी हथेली अपने हाथों में लेकर धीरे से बढ़ाता हूँ दबाव
और उस दुख की घड़ी में अनकहे ही सब कुछ कह देता हूँ
भाषा में कितना मुश्किल था उस दुख को कह पाना
कहना कि तुम्हारे दुख में मैं शामिल हूँ
कितना अटपटा लगा होता भाषा में
किसी ख़ुशी को कितनी आसानी से कह देती है
एक हँसी या आँखों की थोड़ी-सी चमक

प्रेक्षागृह से बाहर आने के बाद भी
स्मृति में जो बच रहती है देर तक
वह अभिनेता की देह–भाषा ही तो है
जिसे याद करते हुए हम कहते हैं
कितना अच्छा अभिनेता था
बिना बोले ही कह डाला सब कुछ

देह जितनी ही प्राचीन है देह की भाषा
देह की भाषा ख़ुद ही अपना अनुवाद कर लेती है
दुनिया की हर भाषा में
उसे बाँट पाना किसी भी चालाकी के लिए सम्भव नहीं
स्त्रियाँ पुरुषों की बनिस्बत ज़्यादा बेहतर
जानकार होती हैं देह–भाषा की
उन्हें आसानी से ठगा नहीं जा सकता

कभी-कभी जब वे ठगी रह गई-सी दिखती भी हैं
तब भी वे हमारे पुरुष दम्भ को ही कुछ देर के लिए
सान्त्वना दे रही होती हैं

देह-भाषा बहुत चुग़लख़ोर होती है
आँखें हमारी जुबान की चुग़ली खाने में एक पल भी नहीं लगातीं

जितना कुछ हम बोलते हैं और उसमें जितना कुछ व्यक्त होता है
शब्द उसमें सिर्फ़ अल्पमत में होते हैं

मन के किसी कोने में मूक फ़िल्मों की याद
हमेशा बनी ही रहती है

ओह ! आज तक काले किए काग़ज़ों में हमारी भाषा
कितना कम अनुवाद कर पाती है
हमारी देह-भाषा का !

अनुपात का खेल

कुहनी से कलाई तक की लम्बाई
पगथली के बराबर है
और हथेली के बराबर है हमारा चेहरा
मुझे नहीं पता कि जूते बनानेवाली कम्पनियों
और दस्ताने बुननेवालों को
इससे कोई मदद मिलेगी या नहीं

देह अनुपात के सम और असम की ऐसी पहेली है
हल करो जितना उतनी ही उलझती जाती है
दायाँ आईना नहीं होता बाएँ भाग का
दायाँ पैर बाएँ से थोड़ा-सा बड़ा होता है
यही रचता है हर देह का अलग-अलग छन्द
आँख मींचकर चलो
या आँखों पर पट्टी बाँधकर
तो घानी के बैल की तरह
चाल का छन्द हो जाता है वर्तुलाकार

फ़क़त मुट्ठी के बराबर का दिल
कितना उत्पात मचाता है
कभी-कभी तो बिना आवाज़ के भी इतना चिल्लाता है
कि आसमान सिर पर उठा लेता है

चेहरे का सन्तुलन बनाती जो दो आँखें हैं
इनमें पचास करोड़ साल के
जीवन का दृश्य हैं!

12.8.13

नाम में क्या धरा है

चेहरे याद रहते हैं
और आजकल लोगों के नाम मैं अक्सर भूल जाता हूँ

वह जो कुछ देर पहले ही मिला बहुत तपाक से
और बातें करता रहा बहुत देर तक
पच जाता है दिमाग़ पर उसका नाम याद नहीं आता
मन–ही–मन अपने को समझाता हूँ कि इसमें कुछ भी अजीब नहीं
दुनिया के लगभग सारे कवि भुलक्कड़ होते हैं

कवि का काम है सृष्टि में अनाम रह गई चीज़ों को नाम देना
पहले से रखे गए नामों को याद रखना मेरा काम नहीं
एक गुप्त और रहस्यमयी भाषा होती है हर कवि के पास
जिससे वह पेड़ों, परिन्दों और मछलियों तक से
जब चाहे बतिया सकता है
वह तो पत्थर को खटखटाकर कह सकता है
कि दरवाज़ा खोलो और मुझे अन्दर आने दो
वह मक्खी की उदासी को पढ़ सकता है
और जाती हुई चींटियों की क़तार से
उनके घर का रास्ता पूछ सकता है

लगभग तीस बरस बाद मेरे घर आया बचपन का एक दोस्त
दरवाज़े पर खड़ा है और एक ही रट लगाए हुए है

कि पहले मेरा नाम बता तभी मैं आऊँगा घर के भीतर
मैं बताता हूँ उसे बचपन की दर्जनों बातें
कि हम स्कूल में साथ-साथ पढ़ते थे
कि तूने गणित की कॉपी का पन्ना फाड़कर हवाई जहाज़ बना दिया था
कि तेरी उस दिन बहुत पिटाई हुई थी
कितनी बातें याद आती हैं पर उसका नाम याद नहीं आता
मैं एक दार्शनिक जलेबी बनाकर उसे बहलाने की कोशिश करता हूँ
कि नाम में क्या है वह एक चेहरे का अमूर्तन ही तो है
इस समय जब तुम मेरे सामने हो
तो मैं मूर्त चेहरे से उसके अमूर्तन को क्यों याद करूँ
कभी जब तुम नहीं होओगे मेरे सामने
और मुझे तुम्हारी याद आएगी
तब तुम्हारे नाम से मैं तुम्हारे चेहरे को याद करूँगा
वह मुस्कुराता है कहता है
तुम कवि हो और बातें बनाना सीख गए हो

अपने इस भुलक्कड़पन के कारण कितनी बार
कहाँ-कहाँ अपमानित होता हूँ
सोचता हूँ एक न एक दिन ऐसा भी हो सकता है
मेरी नाक कुछ ख़ुशबुओं और कुछ बदबुओं को पहचानना भूल जाए
मेरे कान कुछ शब्दों को सुनना भूल जाएँ
याददाश्त किसी की पालतू नौकर नहीं
कि वह हर बात याद रखे
याद रखने की भी एक हद होती है
वह भी कुछ चीज़ों को याद रखना भूल जाएगी

कभी-कभी लगता है भूल जाना कितनी बड़ी नियामत है
इतने दुख इतने अपमान
जो जीवन में सहने ही होते हैं सबको
याद रखकर कोई कैसे जी सकता है भला

हो सकता है मैं थोड़ा ज़्यादा ही भुलक्कड़ हूँ
मैं एक अदना-सा कवि हूँ
जो बड़े कवियों की आदत की आड़ में छिपने की कोशिश कर रहा हूँ

मुझे माफ़ करो
मुझे माफ़ करो
मुझे माफ़ करो
तुम्हारी शक्लें मुझे याद रहीं और तुम्हारे नाम मैं भूल गया
मेरे प्यारे दोस्तो, मुझे माफ़ करो
आदि काल से कवियों को माफ़ करता आया है यह समाज

दुनिया के एक महान कवि ने कहा था
नाम में क्या धरा है?

18.2.11

अतिरिक्त चीज़ों की माया

बाज़ार से लेने जाता हूँ ज़रूरत की कोई चीज़
तो साथ थमा दी जाती है एक और चीज़ मुफ़्त
उस चीज़ की कोई ज़रूरत नहीं मुझे
पर लेने से इनकार नहीं कर पाता उसे
और बस इसी एक पल में पकड़ लिया जाता हूँ
उस अतिरिक्त के लिए ज़रूरत की चीज़ों के बीच
थोड़ी जगह बनाता हूँ
तो ज़रूरी चीज़ों की जगह थोड़ी सिकुड़ जाती है

अतिरिक्त हमारे मन की कमज़ोरी को पहचानता है
लालच धीरे-धीरे पाँव पसारता है
एक अतिरिक्त दूसरे अतिरिक्त को बुलाता है
और दूसरा अतिरिक्त तीसरे अतिरिक्त के लिए
जगह बनाता है

एक दिन सारी जगह
अतिरिक्तों से भर जाती है।

7.2.06

कवि और प्रौद्योगिकी

तलाश की ख़ाली जगह में डालकर मेरा नाम
हमारे समय की प्रौद्योगिकी अपने दम्भ में डूबी
खोज रही है मुझे

मुझे तलाश कर पाना तुम्हारे बस का काम नहीं
मैंने मन-ही-मन चीख़कर कहा

मैं प्रौद्योगिकी का विरोधी नहीं
न ही उससे पलायन करके कहीं छिपना चाहता हूँ
लेकिन मैं एक कवि हूँ
और अपनी निजता और फ़ुरसत के पलों को
गँवाना नहीं चाहता
तुम चाहो तो कह सकती हो
कि मैं थोड़ा पुराने क़िस्म का आदमी हूँ
लेकिन मैं शतरंज का अच्छा खिलाड़ी भी हूँ
मैं तुम्हारी प्रौद्योगिक चालों में नहीं फँसूँगा
तुम्हारी पकड़ में नहीं आएँगी वे जगहें
वहाँ नए बाज़ार की पहुँच अभी नहीं बनी है

सिगरेट के धुएँ से भरे चायघरों के भीतर धँसे कमरे में
मैं अपने बचपन के दोस्त के साथ कैरम खेल रहा हूँ
उजाड़ खँडहरों में भटक रहा हूँ

बैठा हूँ तालाब के सूने तटों की उखड़ी हुई सीढ़ियों पर
ज़ोर-आज़माई करके जिन अखाड़ों से लौट चुके हैं पहलवान
उसकी घुंदी हुई मिट्टी में लेटा हूँ मैं
तुम्हारे सत्रह इंच के स्क्रीन को डमा देना मुझे आता है

वैसे भी एक कवि तुम्हारे काम का आदमी नहीं
बहुत उठापटक के बाद अगर तुम खोज भी लोगी उसे
तो भी तुम्हारे हाथ कुछ नहीं लगेगा
तुम्हारी दुनिया एक कवि के काम तो आ सकती है
लेकिन एक कवि की दुनिया
तुम्हारी दुनिया में अँट नहीं सकती।

10.8.13

शहर भीतर शहर

शहर भीतर जो एक शहर था
वह शहर कहीं ग़ायब हो गया है

अब यहाँ सारी दूर वही शहर पसरा हुआ है
जिसने एक दिन सिर्फ़ अपनी गर्दन छुपाने की जगह माँगी थी
उस शहर के ग़ायब हो जाने के बाद भी इस शहर के माथे पर
कोई शिकन तक नहीं
ग़ायब होते-होते भी वह शहर अपने पाँव के निशान
यहाँ-वहाँ छोड़ गया है
इन निशानों के सहारे-सहारे कभी-कभी हम
जो उस खो गए शहर को एक अर्से से जानते थे,
कहो कि शायद हम तो उसी को जानते थे,
अब अपनी स्मृतियों में कभी-कभी उसे ढूँढ़ लेते हैं

शायद हम उसी को ढूँढ़ते रहते हैं बरसों से
हालाँकि स्मृतियों में भी अब वह
एक धुँधली तस्वीर-भर ही बचा है

हम जो उसके चप्पे-चप्पे से वाकिफ़ थे
हर गली हर मोड़ को जानते थे
कभी भी कहीं भी मुड़ जाते थे और जानते थे
कि हम वहीं निकल जाएँगे जहाँ हमें जाना है

अब अचानक किसी गली में मुड़ते हैं
और रास्ता समझ ही नहीं आता
कुछ दूर जाते हुए कुछ लोग दिखते हैं
जिनको हम अच्छी तरह जानते हैं
लेकिन अचानक आँख के आगे धुन्ध-सी छा जाती है
और वे लोग जो अभी नज़र आए थे
ग़ायब हो जाते हैं
पास पहुँचने पर जो लोग मिलते हैं
उनके चेहरे में से
हमारे पहचान के चेहरे ग़ायब हो गए हैं

हथिया टोल का वह विशाल पत्थर
जिसे बरसात में ख़तरे का निशान समझा जाता था
अब भी तालाब के किनारे रखा है निरीह-सा
अब वहाँ तक पानी आ जाने पर भी शहर में कोई हलचल नहीं होती

शहर ख़तरे के निशान से ऊपर निकल गया है!

6.3.15

कचौरी इन्दौर की

मैं तो अपने रास्ते जाता था चुपचाप
कि नुक्कड़ की दुकान पर तली जा रही
कचौरी की ख़ुशबू ने धर दबोचा मुझे
एक क़दम भी आगे बढ़ाना था मुश्किल
जहाँ के तहाँ जमकर रह गए मेरे पाँव
तभी हलवाई ने बड़े-से झारे पर
कड़ाही के उबलते तेल से बाहर निकाला
फूली हुई भूरी-कत्थई कचौरी को
सारी सड़क उसकी महक से भर गई

किसी और ने सुनी या नहीं
पता नहीं
पर मैंने सुनी वह मुझे डपटती हुई आवाज़
त्योरी चढ़ा कह रही थी कचौरी
रे अधम! इन्दौर आ गया और तूने
नहीं खाई अब तक कचौरी
अकारथ गया तेरा तो सारा का सारा जीवन

तू कैसा कवि है रे
बिसर गई याद तुझे अपने महाकवि की भी
इतने कमज़ोर मैदे के साथ कैसे निभाएगा तू

हिन्दी काव्य की महान परम्परा!

गद्य-वद्य लिख जाकर
कविता तेरे बस की बात नहीं!

31.1.09

संग्रहालय

वहाँ बहुत सारी चीज़ें थीं क़रीने से सजी हुई
जिन्हें गुज़रे वक़्त के लोगों ने कभी इस्तेमाल किया था

दीवारों पर सुनहरी फ्रेम में मढ़े हुए उन शासकों के विशाल चित्र थे
जिनके नीचे उनका नाम और समय भी लिखा था
जिन्होंने उन चीज़ों का उपयोग किया था
लेकिन उन चीज़ों को बनानेवालों का कोई चित्र वहाँ नहीं था
न कहीं उनका कोई नाम था

अचकनें थीं, पगड़ियाँ थीं, तरह-तरह के जूते और हुक़्क़े थे
लेकिन उन दर्ज़ियों, रँगरेज़ों, मोचियों और
हुक़्क़ा भरनेवालों का कोई ज़िक्र नहीं था
खाना खाने की नक़्क़ाशीदार रकाबियाँ थीं
कटोरियाँ और कटोरदान थे
गिलास और उगलदान थे
खाना पकाने के बड़े-बड़े देग और खाना परोसने के करछुल थे
पर खाना पकानेवाले बावर्चियों के नामों का उल्लेख
कहीं नहीं था
खाना पकाने की भट्ठियाँ और बड़ी-बड़ी सिगड़ियाँ थीं
पर उन सिगड़ियों में आग नहीं थी

आग की सिर्फ़ कहानियाँ थीं

लेकिन आग नहीं थी

आग का संग्रह करना सम्भव नहीं था

सिर्फ़ आग थी
जो आज को बीते हुए समय से अलग करती थी।

7.10.12

डायरी लिखना

डायरी लिखना एक कवि के लिए सबसे मुश्किल काम है

कवि जब भी अपने समय के बारे में डायरी लिखना शुरू करता है
अरबी कवि समीह-अल-क़ासिम की तरह लिखने लगता है
कि मेरा सारा शहर नेस्तनाबूद हो गया
लेकिन घड़ी अब भी दीवाल पर मौजूद है

सारी सचाई किसी न किसी रूपक में बदल जाती है
कहना मुश्किल है कि यह कवि की दिक़्क़त है या उसके समय की
जो इतना उलझा हुआ, अबूझ और अँधेरा समय है
कि एक सीधा-सादा वाक्य भी साँप की तरह बल खाने लगता है
वह अर्धविराम और पूर्णविराम के साथ एक पूरा वाक्य लिखना चाहता है
वह हर बार अहद करता है कि किसी रूपक या बिम्ब का
सहारा नहीं लेगा
संकेतों की भाषा के क़रीब भी नहीं फटकेगा
लेकिन वह जब-जब कोशिश करता है
उसकी क़लम सफ़े पर इतने धब्बे छोड़ जाती है
कि सारी इबारत दाग़दार हो जाती है

हालाँकि वह जानता है कि डायरी को डायरी की तरह लिखते हुए भी
हर व्यक्ति कुछ न कुछ छिपा ही जाता है
इतनी चतुराई से वह कुछ बातों को छिपाता है

कि पता लगाना मुश्किल है कि वह क्या छिपा रहा है
कवि फ़क़त दूसरों से ही नहीं,
अपने आपसे भी कुछ न कुछ छिपा रहा होता है
जैसे वह अपनी ही परछाईं में छिप रहा हो

एक कवि के लिए डायरी लिखना सबसे मुश्किल काम है
भाषा को बरतने की उसकी आदतें उसका पीछा कभी नहीं छोड़तीं
वह खीजकर क़लम रख देता है और डायरी को बन्द करके
एक तरफ़ सरका देता है

एक दिन लेकिन जब वह अपनी पुरानी डायरी को खोलता है
तो पाता है कि समय की दीमक ने डायरी के पन्नों पर
न समझ में आनेवाली ऐसी कुछ इबारत लिख डाली है
जैसे वही कवि के समय के बारे में
लिखा गया सबसे मुकम्मल वाक्य हो!

21.9.12

हँसी

[रघुवीर सहाय को याद करते हुए]

हँसी कम होती जा रही है धरती पर

अब तो नाटकों में विदूषक और सर्कसों में मसख़रे भी
कभी-कभार ही दिखते हैं
अपनी तमाम कोशिशों के बाद भी सिर्फ़ बच्चों को ही
हँसा पाते हैं वो बामुश्किल

हालाँकि कारों की संख्या बढ़ रही है हमारी सड़कों पर
हालाँकि आँखों के आस-पास ज़्यादा रंगीन दृश्य हैं इन दिनों
हालाँकि तकनीक ने पहले से कहीं ज़्यादा आसान
बनाया है इस जीवन को
हालाँकि चीज़ों से इतनी लदी हुई हैं दुकानें
कि एक चीज़ को निकालने जाओ तो दस चीज़ें
अर्राकर गिर पड़ती हैं आपके ऊपर
हालाँकि रोशनी ही रोशनी है चारों तरफ़
हालाँकि इस रोशनी में कुछ भी देख पाना ज़्यादा कठिन है

हालाँकि इतना झूठ इतना व्यभिचार और इतना कचरा इकट्ठा
हो गया है धरती पर
कि लगता है धरती एक तरफ़ झुकी जा रही है

आँकड़े कहते हैं उन्नीस सौ पचास में
जब भयानक मन्दी का दौर था
तब भी आज से ज़्यादा हँसने के पल थे आदमी के पास
हालाँकि न उतनी भयानक मन्दी है न उतनी भयानक निराशा
पर आत्महत्या के आँकड़े बढ़ते ही जा रहे हैं इन दिनों

अपराध बढ़ रहे हैं धरती पर
और पहले से कहीं ज़्यादा ख़ूँख़ार और ताक़तवर हो रहे हैं अपराधी

ओ मेरे समय के लोगो!
मैं अनुरोध करता हूँ कि हँसो
शासक की अन्धी ताक़त से बचने के लिए डरकर नहीं
हँसो कि हँसने के पल कम हो रहे हैं हमारी धरती पर
हँसो कि विरोध करने की ताक़त कम हो रही है
हमारे समाज में
हँसो कि स्वप्न देखने का रोमान चुक रहा है!
हँसो!

मकाऊ*

नाव नहीं थी सिर्फ़ नाव की एक कथा थी

मन्दिर के प्रवेश द्वार पर एक विशाल चट्टान थी
जिस पर उस टूटी हुई नाव का चित्र उकेरा गया था

यह उस ग़रीब मछुआरे की नाव थी
जो सदियों पहले समुद्री तूफ़ान में क्षत-विक्षत हो गई
सोलहवीं सदी में जब मानस की कथा में
एक केवट राम को अपनी नाव में चढ़ाने से पहले
उनके पाँव पखारने की ज़िद कर रहा था
अ-मा नाम की ग़रीब लड़की
अपने गाँव लौटने के लिए समुद्र के तट पर खड़ी
एक धनी कबाड़ी से विनती कर रही थी
कि वह उसे अपनी नाव में बिठाकर
दूसरे किनारे तक छोड़ दे
व्यापारी का डर केवट का डर नहीं था

---

* मकाऊ पुर्तगालियों का उपनिवेश था। पुर्तगाली यहाँ सोलहवीं शताब्दी में आए थे और उन्होंने चीन और जापान से व्यापार के लिए इसे एक पोर्ट के रूप में विकसित किया था। 19वीं सदी के मध्य तक पुर्तगाली चीन को इसका किराया अदा करते रहे। 20वीं सदी के अन्तिम दशक में हुए समझौते के बाद हांगकांग और मकाऊ चीन को वापस मिल गए। 1999 में हुए समझौते में इस शर्त पर सहमति हो गई थी कि 50 साल तक मकाऊ में पूँजीवादी आर्थिक संरचना और उच्चस्तरीय स्वायत्तता बनी रहेगी।

फिर भी उसने उस ग़रीब लड़की को बिठाने से इनकार कर दिया

एक ग़रीब ही ग़रीब की व्यथा जानता है
यह पद चाहे जैसे भी व्यवहार में आया हो
लेकिन एक ग़रीब मछुआरे ने उस लड़की को
अपनी नाव पर बिठा लिया
आधा रास्ता भी अभी पार नहीं हुआ था
कि समुद्र में ज़ोर का तूफ़ान उठा
और सब कुछ को नष्ट करता
अपनी लहरों में डुबोता उछालता ले गया

एक दिन वही नाव चट्टान पर जिसका चित्र उकेरा गया था
किनारे पर लगी
पर वह ग़रीब लड़की कहते हैं
देखते ही देखते अदृश्य हो गई
लेकिन कुछ दिन बाद वह लड़की फिर प्रकट हुई

मछुआरों का गाँव था
तो मछुआरों ने उसे अपनी देवी बना लिया

उस ग़रीब लड़की के नाम पर बसा
मछुआरों का वह छोटा-सा गाँव
अब दुनिया के सबसे बड़े जुआघरों का चमचमाता शहर है
पूँजी के गनगनाते दम्भ और उद्दंड शोर में डूबा हुआ

सीमान्त पर मछुआरों की देवी बन गई उस ग़रीब लड़की का मन्दिर है
समुद्री रास्तों से कारोबार करनेवाले व्यापारी
आकर अब उसी ग़रीब लड़की के आगे सिर झुकाते हैं
मन्नतें माँगते हैं

जितने दिन की मन्नत
उतने दिन तक जलनेवाली
विशाल वर्तुलाकार अगरबत्तियाँ जलाते हैं।

28.8.13

शब्दों का नया घर

सूनी सड़कों पर भटकती हुई हमारी आवाज़
रहने के लिए शब्दों का कोई नया घर ढूँढ़ रही है
इतनी तेज़ी से बदल रही है हमारी भाषा
कि किसी शब्द तक पहुँचती है जब तक हमारी आवाज़
कोई दूसरी आवाज़ पहले ही पहुँचकर
वहाँ अपना घर बसा चुकी होती है

बीसवीं सदी की क्रान्तियों और युद्धों के
बोझ से लदी हमारी आवाज़
समय की गति से मिला ही नहीं पाती अपने क़दम
कान के पास आकर कोई फुसफुसाता है
उतार फेंको...उतार फेंको स्मृतियों का बोझ
और दौड़ो...
वरना ढूँढ़ नहीं पाओगे कभी
अपनी आवाज़ के लिए नए शब्दों से बना कोई घर

स्मृतियाँ कोई क़मीज़ नहीं
कि जिन्हें जब चाहे उतारकर फेंक दूँ
और नंग-धड़ंग दौड़ पड़ूँ सड़कों पर

यह कैसा समय है सोचता हूँ
मैं पीता हूँ जिन नदियों का पानी

जंगलों से आती जिन हवाओं से बनी हैं मेरी साँसें
जो धूल मेरे पाँवों में लगी है
ये पहाड़, ये धरती और ये आसमान
जो सदियों पुराने हैं
ये सब भी तो पिछली सदी को पार करते हुए ही
पहुँचे हैं मुझ तक
कई समझदारियाँ, दिक़्क़तें और कुटिलताएँ भी
आई हैं पिछली सदी को पार करती
सबने बना लिये हैं इस सदी में अपने-अपने घर

एक हमारी आवाज़ ही है
जो भटक रही है सड़कों पर
और ढूँढ़ नहीं पा रही है अपने लिए
शब्दों का नया घर!

6.6.14

एक कवि कहता है

नामुमकिन है यह बतलाना कि एक कवि
कविता के भीतर कितना और कितना बाहर रहता है

एक कवि है
जिसका चेहरा-मोहरा, चाल-ढाल और बातों का ढब भी
उसकी कविता से इतना ज़्यादा मिलता-जुलता-सा है
कि लगता है जैसे अभी-अभी दरवाज़ा खोलकर
अपनी कविता से बाहर निकला है

एक कवि है जो मुझसे अक्सर कहता है
कि सोते समय उसके पाँव अक्सर चादर
और मुहावरे से बाहर निकल जाते हैं
सुबह-सुबह वह पाँव पर मच्छरों के काटने की शिकायत करता है
दिक़्क़त यह है कि पाँव अगर चादर में सिकोड़कर सोए
तो उसकी पगथलियाँ गरम हो जाती हैं
उसे हमेशा डर लगा रहता है कि सपने में एकाएक
अगर उसे कहीं जाना पड़ा
तो हड़बड़ी में वह चादर में उलझकर गिर जाएगा

मुहावरे इसी तरह क्षमताओं का पूरा उपयोग करने से
आदमी को रोकते हैं
और मच्छरों द्वारा कवियों के काम में पैदा की गई अड़चनों के बारे में

अभी तक आलोचना में विचार नहीं किया गया
ले-देकर अब कवियों से ही कुछ उम्मीद बची है
कि वे कविता की कई अलक्षित ख़ूबियों
और ऐसी दिक़्क़तों के बारे में भी सोचें
जिन पर आलोचना के खाँचे के भीतर
सोचना निषिद्ध है

एक कवि जो अक्सर नाराज़ रहता है
बार-बार यह ही कहता है
बचो-बचो-बचो
ऐसे क्लासरूम्स के अगल-बग़ल से भी मत गुज़रो
जहाँ हिन्दी का अध्यापक कविता पढ़ा रहा हो

और कविता के बारे में राजेन्द्र यादव की बात तो
बिलकुल मत सुनो!

2.6.05

गुरुत्वाकर्षण

न्यूटन जेब में रख लो अपना गुरुत्वाकर्षण का नियम
धरती का गुरुत्वाकर्षण ख़त्म हो रहा है

अब तो इस गोलमटोल और ढलुआ पृथ्वी पर
किसी एक जगह पाँव टिकाकर खड़े रहना भी मुमकिन नहीं
फिसल रही है हर चीज़ अपनी जगह से
कौन कहाँ तक फिसलकर जाएगा
किस रसातल तक जाएगी यह फिसलन
कोई नहीं कह सकता
हमारे समय का एक ही सच है
कि हर चीज़ फिसल रही है अपनी जगह से

पृथ्वी का गुरुत्वाकर्षण ख़त्म हो रहा है

फिज़िक्स की पोथियो!
न्यूटन के सिद्धान्त वाले सबक़ की ज़रूरत नहीं बची

पृथ्वी का गुरुत्वाकर्षण ख़त्म हो रहा है

कभी भी फिसल जाती है राष्ट्राध्यक्ष की ज़बान
कब किसकी ज़बान फिसल जाएगी कोई नहीं जानता
श्लोक को धकियाकर गिरा देती हैं फिसलकर आती गालियाँ

गड्डमड्ड हो गए हैं सारे शब्द
वाक्य से फिसलकर बाहर गिर रहे हैं उनके अर्थ
ऐसी कुछ भाषा बची है हमारे पास
जिसमें कोई किसी की बात नहीं समझ पाता
संवाद सारे ख़त्म हो चुके हैं, स्वगत कर रहा है
नाटक का हर पात्र

आँखों से फिसलकर गिर चुके हैं सारे स्वप्न

करोड़ों वर्ष पहले ब्रह्मांड में घूमती हज़ारों चट्टानों को
अपने गुरुत्वाकर्षण से समेटकर
धरती ने बनाया था जो चाँद
अपनी जगह से फिसलकर
किसी कॉरपोरेट के बड़े-से जूते में दुबककर बैठा है
बिल्ली के बच्चे की तरह

फिसलन ही फिसलन है पूरे गोलार्द्ध पर
और पृथ्वी का गुरुत्वाकर्षण ख़त्म हो गया है

ओ नींद!
मुझे इस भयावह स्वप्न-सत्य से बाहर आने का रास्ता दे!

16.9.12

निराशा

निराशा एक बेलगाम घोड़ी है

न हाथ में लगाम होगी न रकाब में पाँव
खेल नहीं उस पर गद्दी गाँठना
दुलत्ती झाड़ेगी और ज़मीन पर पटक देगी
बिगाड़कर रख देगी सारा चेहरा-मोहरा

बग़ल में खड़ी होकर
ज़मीन पर अपने खुर बजाएगी
धूल के बगूले बनाएगी
जैसे कहती हो
दम है तो दुबारा गद्दी गाँठों मुझ पर

भागना चाहोगे तो भागने नहीं देगी
घसीटते हुए ले जाएगी
और न जाने किन जंगलों में छोड़ आएगी!

2.1.05

सड़क पर चलते हुए

धूप से नहीं धोए हैं मैंने अपने बाल

साल-दर-साल मैंने काटी हैं रातें
डामर गाड़ी में बची आँच की रोशनी में
खाते हुए रोटी और प्याज़!

मैं नगरों और महानगरों की शानदार सड़कों पर चलते हुए
अक्सर शर्मिन्दा हो जाता हूँ

न जाने किन-किन इलाक़ों के अकाल से धकियायी गईं
स्त्रियों और पुरुषों ने ही बनाई हैं इस मुल्क की
ज़्यादातर शानदार सड़कें
काँसे की थाली और माँदर बजा-बजाकर नाचते गाते
थककर चूर उन लोगों की लय से
बनी है मेरी धमनियों में बहते
रक्त की लय

अपने जूते का दाम चुकाते हुए मैं अक्सर सोचता हूँ
क्या कभी चुकाया है मैंने
उन स्त्रियों और पुरुषों का कोई मेहनताना?
लू के थपेड़े सहते और धूल में खेलते
उनके बच्चों का कोई कर्ज़

मैं किस हक़ से गर्दन उठाए चलता हूँ
इन सड़कों पर?

सड़कें बनवाने का श्रेय लेती है जब कोई सरकार
मेरे हलक़ में अटक जाता है कौर
मेरे मुँह से निकलती है गाली — कामचोर!
तुम क्या जानते हो सड़क बनाने के बारे में
डामर बिछाते बार-बार चिपक जाते हैं बूट
बार-बार खींचकर निकालना पड़ता है जब पाँव
तब कितनी खिंचती हैं पाँव की नसें
क्या जानते हो तुम?

क्या सड़कों से गुज़रते हुए तुमने एक बार भी सोचा है
उन लोगों के बारे में

क्या पूछा है उनसे कभी कि कितने महीनों से
नहीं लौटे हैं वे अपने गाँव?

30.4.03

नमक

कहा जाता है कि मैं जब नहीं था
तो लोगों की ज़बान पर काँटे उगे हुए थे
और आपस में बात करना लगभग नामुमकिन था
समझा नहीं पाते थे लोग एक-दूसरे को अपनी बात

कई क़िस्से और कहानियाँ हैं मेरी खोज के बारे में
मसलन ज़मीन में दबी पुरखों की हड्डियों को कुतरते हुए
पहले-पहल चूहों ने खोजा था मुझे
इसके बाद आदमी के जिस्म में एक नई रोशनी
पैदा हुई

समुद्र से मुझे निथारकर बनाने की प्रक्रिया से
शुरू हुई आज़ादी की लड़ाई
और लोगों ने एक नई भाषा को ईजाद किया
चाहो तो माना जा सकता है उसे
हिन्दी गद्य का जन्म दिन भी
साँवली कही जानेवाली जिस महाजाति का जीवन-संग्राम
लिखा है हिन्दी के गद्य ने
उसके सलोनेपन का सारा आकर्षण
मुझी से है।

2000

इस तरह ग़ुस्सा पैदा हुआ...

वह
यज्ञ की वेदी पर जिसकी बलि दी गई
उसी के रक्त से ऋतुएँ पैदा हुईं

फिर रबी और ख़रीफ़ की बुआई का समय तय हुआ
फूलों के खिलने और पत्तों के झरने का मौसम तय हुआ
उसकी आह से तरह-तरह के परिन्दे पैदा हुए
उसकी चीख़ से पैदा हुए शेर, चीते और भालू
उसकी कराह से गाय, बैल, बकरी, भेड़ें और पालतू पशु पैदा हुए
कुत्तों के बारे में तो कहा जाता है कि वो उसके इधर-उधर उड़े
ख़ून के छींटों से पैदा हुए
और उन्होंने हत्यारों के शोर से भौंकना सीखा

फिर गड़रिए आए और उन्होंने जानवरों को पालना शुरू किया
फिर ग्वालों का जन्म हुआ और उन्होंने दूध दूहने का हुनर ईजाद किया
शिकारी पहले ही आ चुके थे जिन्होंने आग खोजी
और हथियारों को शक्ल दी
इस तरह खेती-किसानी शुरू हुई
और फिर गाँव और नगर बसना शुरू हुआ
इस तरह सभ्यताएँ पैदा हुईं
कविता और काव्यशास्त्र पैदा हुए
इस तरह वर्ण बने और जातियाँ बनीं

और सत्ताएँ पैदा हुईं

सत्ताओं ने बलि के नए नियम बनाए
और एक बार फिर उसकी बलि दी गई
जिससे ग़ुस्सा पैदा हुआ...।

22.11.07

इस आत्महत्या को अब कहाँ जोड़ूँ

देश के बारे में लिखे गए हज़ारों निबन्धों में लिखा गया
पहला अमर वाक्य एक बार फिर लिखता हूँ
भारत एक कृषि प्रधान देश है
दुबारा उसे पढ़ने को जैसे ही आँखें झुकाता हूँ
तो लिखा हुआ पाता हूँ
कि पिछले कुछ बरसों में डेढ़ लाख से अधिक किसानों ने
आत्महत्या की है इस देश में
भयभीत होकर काग़ज़ पर से अपनी आँखें उठाता हूँ
तो मुस्कुराती हुई दिखती है हमारी सरकार
कोई शर्म नहीं किसी की आँख में
दुख या पश्चात्ताप की एक झाँईं तक नहीं चेहरे पर

परमाणु क़रार को आकुल-व्याकुल सरकार
स्वाधीनता संग्राम के इतिहास को अपने कीचड़ सने जूतों से
गन्दा करती एक बड़े साम्राज्य के राष्ट्राध्यक्ष को
कोर्निश बजाती नज़र आती है
पत्रकारों और मीडियाकर्मियों के प्रश्नों को टालती हुई
कि जल्दी ही विचार करेगी वह किसानों के बारे में...

ग़ुस्से में बेसुध होकर थूकता हूँ सरकार के चेहरे पर
पर वह सरकार नहीं सरकार की रंगीन छवि है
और वह भी मेरे सिर से बहुत ऊपर

थूक के छींटे मेरे ही चेहरे पर गिरते हैं
खिसियाकर आस्तीन से अपने चेहरे को पोंछता हूँ
तभी कोई कान में फुसफुसाता है
एक किसान ने कुछ देर पहले ही आत्महत्या कर ली
तुम्हारे अपने गाँव में...!

आत्महत्या के आँकड़ों में अब इसे कहाँ जोड़ूँ?

23.8.08

विकल्प

संकट बढ़ रहा है
छोटे-छोटे खेत अब नहीं दिखेंगे इस धरती पर!

कॉरपोरेट आ रहे हैं
कॉरपोरेट आ रहे हैं
सौंप दो उन्हें अपनी छोटी-छोटी ज़मीनें
मर्ज़ी से नहीं तो ज़बर्दस्ती छीन लेंगे वे
कॉरपोरेट आ रहे हैं
ज़मीनें सौंप देने के सिवा कोई और विकल्प नहीं
तुम्हारे पास!

नहीं-नहीं, यह तो ग़लत वाक्य बोल गया मैं
विकल्प ही विकल्प हैं तुम्हारे पास
मसलन भाग सकते हो शहरों की ओर
जहाँ तुम न किसान रहोगे न मज़दूर
घरेलू नौकर बन सकते हो वहाँ
जैसे महान राजधानी में झारखंड के इलाक़ों से आई
लाखों लड़कियाँ कर रही हैं झाड़ू-बासन के काम
अपराध जगत् के दरवाज़ों पर नोवैकेंसी का
कोई बोर्ड कभी नहीं रहा
अब भी लामबन्द न होना चाहो, लड़ना न चाहो अब भी

तो एक सबसे बड़ा विकल्प खुला है
आत्महत्या का!
कि तुमसे पहले भी चुना है यह विकल्प तुम्हारे कई भाई-बन्दों ने
लेकिन इतना जान लो...
मृत्यु सिर्फ़ मर गए आदमी के दुख और तक़लीफ़ें दूर करती है
लेकिन बचे हुओं की तक़लीफ़ों में हो जाता है
थोड़ा इज़ाफ़ा और...!

23.8.08

यह समय

यह प्रतिमाओं को सिराये जाने का समय है

प्रतिमाएँ सिरायी जा रही हैं

भीतर-बाहर सिर्फ़ सन्नाटा है

काले जल में बस...
प्रतिमा का मुकुट
धीरे-धीरे डूब रहा है!

29.9.12

चींटी और सूरज

एक चींटी अपने मूँड पर
शकर का एक पारदर्शी दाना उठाए
चली जा रही है
शायद धरती के नीचे बसी अपनी बस्ती की ओर
सूरज अब एक ऐसे कोण पर आ गया है
कि उसकी एक पतली-सी किरण
शकर के दाने को भेदकर
आर-पार निकल रही है

और धूप का एक छोटा-सा टुकड़ा सतरंगा हो गया है
जो चींटी के साथ-साथ चल रहा है।

5.6.14

सराय कायनात का भठियारा

इस सराय कायनात में
पूरब नाम का भठियारा मेरा अच्छा दोस्त है
पता नहीं क्यों लेकिन हर रोज़ ही शाम के बाद
वह काली पोशाक पहन लेता है
जो मुझे सिरे से नापसन्द है

ब्राह्ममुहूर्त में सुबह की चाय से भी पहले
एक नवजात बच्चे-सा मुलायम सुर्ख़ सूरज
अपनी तश्तरी में सजाए हर रोज़ वह मेरे पास लाता है
मैं उस छोटे-से सूरज को बहुत हौले से उठाता हूँ
और एक आलपिन से उसकी काली क़मीज़ की पीठ पर
लगा देता हूँ

चकाचौंध में बदल जाते हैं सारे रंग
और उसी एक पल में
पूरब नाम का भठियारा कहीं अदृश्य हो जाता है!

9.3.15

क़िताब के लिए नींद

जहाँ तक पढ़ चुका था उस सफ़े के कोने को
कुत्ते के कान की तरह मोड़कर
मैंने क़िताब से कहा
कि कुछ देर के लिए ही सही
लेकिन अब तुम भी सो जाओ
मेरी आँखें भी थक चुकी हैं

क़िताब ने मेरी नींद से बोझिल आँखों में
आँखें डालकर कहा
जाओ तुम जाकर सो जाओ
नींद मेरे नसीब में नहीं
मैं तो लेखक की दूसरी खोपड़ी हूँ
जिसमें वह अपनी सारी बेचैनियाँ और
रात-दिन जागते रहनेवाले किरदार भरकर
ख़ुद चैन से सो गया है

मैं अगर सो गई
तो सारे किरदार दम तोड़ देंगे
और क़िताब से लोगों का भरोसा उठ जाएगा

रात-दिन जागते रहना
और सिर्फ़ जागते रहना ही

मेरी क़िस्मत में बदा है

मैं लेखक की दूसरी खोपड़ी हूँ
नींद मेरे नसीब में नहीं!

1.10.11

अनुस्वार

वह स्वर का अनुसरण करता हुआ आता है
और कभी-कभी एकवचन को बहुवचन में बदल देता है

बहुत छोटे-से बिन्दु की तरह दिखता है वह
मात्राओं के पीछे लगभग लुका हुआ-सा
जैसे स्वरों या व्यंजनों के साथ
लुका-छिपी का कोई खेल खेल रहा हो
या कभी-कभी दिखाई देता है वह ओस की एक बूँद की तरह
जो अटकी रह गई है द्वितीया के चाँद के बीचोबीच

वह शब्द के पीछे खड़ा हो या शब्द और व्यंजन के बीच
उसकी अनुगूँज बनी रहती है शब्द के बाद भी
कई बार तो उसकी अनुपस्थिति में भी

वह शब्दों को थोड़ा मुलायम बना देता है
और थोड़ा गेय!

गन्ध से उसका कोई न कोई रिश्ता ज़रूर होगा
हमारी नाक से
जैसे उसका पुरातन रिश्ता है!

4.12.01

उदासी

कोई पक्षी गुज़रा है आसमान से अभी

उसकी उड़ान से अलग हुआ एक पंख
उसके जाने के बाद छूटी जगह में
धीरे-धीरे तिर रहा है

धीरे-धीरे गिर रहा है
पंख

मन में घिर रही

एक उदासी जैसे!

12.5.01

आख़िरी पत्ती

घर के ऐन सामने अनेक हरे-भरे पेड़ों के बीच
एक निचाट सूखा पेड़ है
जिसमें एक भी हरी पत्ती नहीं
एक हरा तोता बार-बार उसी पर आकर बैठता है
जैसे वह उसी पेड़ से टूटी अन्तिम पत्ती का पुनर्जन्म हो
या ओ हेनरी की कहानी के चित्रकार की आत्मा

सामने के किसी मकान में जीवन से निराश हो चुकी
एक लड़की है
जो मान बैठी है कि जिस भी दिन अन्तिम हरी पत्ती
पेड़ से झर जाएगी
उसका जीवन भी ख़त्म हो जाएगा
तोता शायद बार-बार आकर उसे भ्रम में डालना चाहता है

कि वह अन्तिम हरी पत्ती अभी मौजूद है।

29.7.13

चाँद की आदतें

चाँद की कुछ आदतें
तक़रीबन मुझसे मिलती-जुलती हैं

मसलन—वह भी अपनी कक्षा के
बैक बेंचर छात्रों में एक है
अध्यापक का चेहरा ब्लैकबोर्ड की ओर घूमा नहीं
कि दबे पाँव निकल भागे बाहर...

और फिर वही मटरगश्ती सारी रात
सारे आसमान की सड़कों पर...!

26.11.2000

रामकुमार का लैंडस्केप

भटकते हुए अचानक मैं रामकुमार के एक लैंडस्केप में चला आया
मुझे क्या मालूम था कि इसके हलके और धूसर रंग
कुत्ते जैसी कच्ची नींद में सोए हैं
मेरे पैरों की हलकी-सी आवाज़ से ही सारे रंग जाग गए
और इधर-उधर बहने लगे

वहाँ एक विचित्र-सा पेड़ था जो शायद अभी-अभी किसी
परिन्दे के स्वप्न से गिरा था
इस लैंडस्केप की चट्टानों पर
वनस्पति शास्त्र के अनुसार उसका नामकरण करना
सम्भव नहीं था

उस लैंडस्केप से बाहर निकलने का रास्ता खोजते हुए
मैं एक नींद में पहुँच गया

वह मेरी नींद थी या रामकुमार के रंगों की
मैं नहीं जानता था।

स्मृतिविहीन समय में

ऊबड़-खाबड़ पत्थरों की गलियों में भटकते हुए
हर आते-जाते को एक धुँधला पड़ चुका स्याह सफ़ेद फ़ोटो दिखाकर
एक अधेड़ आदमी पूछता है
क्या ऐसा कोई घर आपने यहाँ कहीं देखा है?
यहीं कहीं होता था यह
क़िले अन्दर की इन्हीं पथरीली गलियों में
मरने से पहले ऐसा ही बताया था मेरे दादा ने

ओह! यह इतना धुँधला नहीं था जैसा फ़ोटो में दिखता है
इसका छज्जा गहरे नीले रंग का था
मेरे दादाजी को यह रंग बहुत पसन्द था
इसके दरवाज़े पर पीतल के सितारे ठुके हुए थे
और उस बड़े-से दरवाज़े को बन्द करने के बाद
भीतर से आगल लगाई जाती थी

नहीं... उस घर से मेरा या मेरे परिवार का कोई सम्बन्ध नहीं
बस एक क़िस्सा था जो कभी अपने दादाजी से सुना था
मैंने अपने बचपन में
उसी क़िस्से का पीछा करता
क़िस्से के उस मकान को ढूँढ़ते-ढूँढ़ते
मैं यहाँ चला आया हूँ
लोग अपनी स्मृति में ढूँढ़ते थे वैसा ही कोई मकान

और फिर इनकार में सिर हिला देते
पूछते...अन्दाज़न कब की बात होगी ?

मेरे जन्मं से भी काफ़ी पहले की
वर्ष तो याद नहीं पर कहते हैं
उसी साल भोपाल में प्लेग फैला था
जिसका जिधर सींग समाया वह उधर ही भाग गया
मेरे दादाजी भागकर विदिशा आए थे
मेरे पिता उस समय इतने छोटे थे
कि उनकी स्मृति में भी इस म.कान की कोई छाप नहीं
बामुश्किल यह एक धुँधला-सा फ़ोटो बचा है
इसी से अगर कुछ पता लगे तो लगे

मेरे दादाजी ज़्यादा दिन यहाँ नहीं रहे
हालात जल्दी ही सुधर गए और वह वापस लौट गए
लोग सन्देह से उसकी तरफ़ देखते हैं कि कहीं कोई पागल तो नहीं
एक-एक कर सारे लोग अपनी-अपनी दिशा में चले जाते हैं
वह पास ही चाय के ढेले के पास पड़ी बेंच पर बैठ जाता है
सिगरेट सुलगाता है और कहता है
अजीब बात है मैं आजकल जिस भी चीज़ को ढूँढ़ने निकलता हूँ
वही ग़ायब हो जाती है
अभी कुछ दिन पहले मैं अपने बचपन के स्कूल को देखने गया
तो वह वहाँ नहीं था
मेरे बचपन के सारे फ़ोटोग्राफ़ अहमदाबाद की बाढ़ में बह गए
बाढ़ ले गई न जाने कितनी स्मृतियों को
जैसे समय ले जाता है हमारे चेहरे की सारी क़ोमलता
और हमारी आवाज़ के कच्चेपन को
पीड़ा की स्मृतियाँ ही अक्सर सबसे गहरी और लम्बी
क्यों होती हैं ?
हालाँकि सबसे तकलीफ़देह घटनाओं की स्मृति एक दिन

एक मज़ेदार क़िस्सा बन जाती है
स्मृतियाँ जैसे-जैसे धुँधली पड़ने लगती हैं
लड़ने की ताक़त छीजने लगती है

प्लेग के मारे जब सारा शहर ख़ाली हो गया था
एक ही आदमी था जो लालच के मारे शहर में ही रुका रहा
भागते हुए लोगों को वही एक सहारा था
भागते हुए लोग उसी के पास अपनी छोटी-मोटी पूँजी
रहन रखकर चले गए
लेकिन जब तक लोग वापस लौटे
सिंहल सेठ पागल हो चुका था
लोगों के पास चीज़ों की स्मृति थी, चीज़ें नहीं थीं
लोग बार-बार सिंहल सेठ की स्मृति में अपनी चीज़ों को
ढूँढ़ने की कोशिश करते
लेकिन वहाँ कुछ नहीं था, स्मृति भी नहीं

एक स्मृतिविहीन समय में एक अधेड़ आदमी
एक धुँधला-सा फ़ोटो दिखाकर
हर आते-जाते से पूछता है
क्या ऐसा कोई घर आपने यहाँ कहीं देखा है
लोग आपस में फुसफुसाते हैं कि पता नहीं
यह किस ज़माने का आदमी है
जिसे स्मृतियों पर अब भी भरोसा है!

6.4.07

अनुपस्थितों की जगह

होने को वह इस छोटी-सी रियासत के राजवैद्य थे
उनके दो बेटे थे जिसमें एक मेरे नाना थे

अक्सर कृष्ण पक्ष की अँधेरी रातों में वे गुमसुम-से
घर के किसी कोने में बैठे रहते
शुक्ल पक्ष में जैसे-जैसे चाँद पूरा होने को आता
उनका पागलपन बढ़ जाता
आधी रात जब सब सो रहे होते
वे चाँद का पीछा करते हुए बिना बताए
घर से कहीं निकल जाते
चाँद अचानक बादलों के पीछे छिप जाता
और उन्हें किसी अँधेरे रास्ते पर भटकने को छोड़ देता
गाँव में अँधेरा था, बिच्छू थे, बावड़ियाँ थीं, मेहँदी की घनी झाड़ियाँ थीं
जूते में पाँव डालने से पहले बरतनी होती थीं कई सावधानियाँ
टॉर्च या लालटेन लेकर जूते के भीतर झाँकना पड़ता था
कई बार हम सारी-सारी रात उन्हें खोजते रहते
बावड़ियों में झाँकते, कुओं में झाँकते
बादलों से उनका पता पूछते
मेहँदी की झाड़ियों में वे कहीं उलझे हुए मिलते
या बड़े गणपति की पीठ के पीछे दुबके हुए

होने को वे कभी राजवैद्य थे

नाड़ी देखकर रोग का पता-ठिकाना जान जाते थे
उनके दो लड़के थे जिसमें एक मेरे नाना थे
उन्हें न जाने किन-किन परिचितों-अपरिचितों की
परछाइयाँ हमेशा घेरे रहतीं
अकेले में अक्सर वे उनसे बतियाते रहते, लड़ते-झगड़ते रहते
कभी परछाइयों को पकड़ने को दौड़ने लगते
कभी ज़मीन पर चारों ओर अपना डंडा फटकारने लगते
कभी गालियाँ दे-देकर भगाने लगते अदृश्य परछाइयों को
मुझे लगता था परछाइयाँ चले गए लोगों के साथ ही चली जाती हैं
फिर वे कौन-सी परछाइयाँ थीं जो बनी रहती थीं हमेशा
उनके आस-पास?

नानी के ठाकुरजी से उनका न जाने किस जनम का बैर था
वे उन्हें मन्दिर से निकालकर मैदान की तपती धूप में रख आते
जीवन की न जाने कौन-सी स्मृतियाँ थीं जो तंग कर रही थीं उन्हें
जीवन के इस आख़िरी पड़ाव में
उनके भीतर झाँक सकने की कोई खिड़की नहीं थी
मन पर अन्याय और अपमान की जितनी भी छापें थीं
हर दिन सहनी पड़ती थीं
पीतल के उस छोटे-से लड्डू गोपाल को
हवा के आईने में अपने को देखते हुए
वे तरह-तरह की मुद्राएँ बनाने लगते
जैसे किसी की नक़ल उतार रहे हों

होने को वह एक छोटी-सी रियासत के कभी राजवैद्य थे
मैं उनके बेटे की बेटी का बेटा
कभी-कभी अपने-आपसे बतियाने लगता हूँ
कभी-कभी आईने के सामने
अपने ही प्रतिबिम्ब की नक़ल करता हूँ
और मेरा प्रतिबिम्ब जब मेरी नक़ल करता है

मुझे अचानक वे याद आते हैं
असम्भव है एकदम निपट अकेला हो पाना
जब हमें लगता था कि वे एकदम अकेले हैं
वे न जाने कितने अदृश्य लोगों से घिरे होते थे!

उपस्थित कभी नहीं भर पाते अनुपस्थितों की जगह!
असावधानियों के बीच किसी भी बात का छोर पकड़कर
अचानक आ धमकते हैं हमारे बीच में
कभी-कभी तो बिना किसी सन्दर्भ के ही
यह जतलाते हुए शायद कि हम यहीं हैं
यहीं एकदम तुम्हारे आस-पास!

3.3.07

पहाड़ी रास्ता

पहाड़ी रास्ता था
उस पर एक जादूगर की हुकूमत थी
तरह-तरह के अचम्भे थे, तरह-तरह का डर था
शाम ढलने लगती तो जादूगर
रोशनी के आईने को चकनाचूर करके
लाखों जुगनुओं में बदल देता
और सारी घाटी में बिखरा देता

जादूगर की मर्ज़ी पर था हर बात का दारोमदार
वह जब चाहता हमारी आँखों को गहरी खाइयों की तरफ़ घुमा देता
आसमान से बतियाते देवदारु के विशाल वृक्ष
और दूर दिखती बर्फ़ीली पहाड़ियों की चोटियों पर बिखरे
महान चित्रकार रोरिक के सारे रंग
डर की एक लम्बी परछाईं के पीछे छिप जाते
डरकर मींच लेते हम आँखें
भूले-बिसरे उन पदों को मन-ही-मन में दुहराने लगते
जिनमें अमूमन हमें कोई विश्वास नहीं था
ठीक इसी समय जादूगर अपनी अदृश्य छड़ी घुमाता
हमारी गर्दन को दूसरी दिशा में मोड़ देता
और हम किसी अज्ञात सम्मोहन में बँधे
बादलों के पीछे लुकते-छिपते और अचानक प्रकट होते
पहाड़ी दृश्य में खो जाते

हमें डरानेवाला डर
कहीं पीछे जाकर किसी कोने में छिप जाता

कमाल का जादूगर था कि कभी सामने नहीं आता था
पहाड़ी रास्तों पर हर दिन आते-जाते लोग
अचानक ही कहीं से निकल आते
और रास्ते पर आते-जाते दिखने लगते
पहाड़ी लड़कियों के झुंड अचानक कहीं से प्रकट होते
और नीले काँच का आसमान उनकी खिलखिलाहट से भर जाता
लड़कियाँ हाथ हिलाते हुए धीरे-धीरे घाटी में अदृश्य हो जातीं
हवा में उड़ते हुए उनके दुपट्टे बादलों की तरह
पेड़ों के पीछे घाटी में उतरते हुए कहीं ग़ायब हो जाते

इससे पहले कि जादूगर दुबारा अपना कोई करतब दिखाए
बस रुक जाती और गाइड आवाज़ लगाकर कहता
कि यहाँ हमारी बस एक घंटे के लिए रुकेगी
आप लोग चाय-वाय पी लें

एक घंटे के इस अन्तराल में
स्मृति के बीच से गुज़रते पहाड़ी रास्ते पर
डर और सुन्दरता
छुपन-छुपैया का खेल खेलते थे।

14.2.10

शिमला डायरी : 2014

[एक]

घर के इतने क़रीब से घाटी में सीटी बजाती हुई
हर रोज़ गुज़रती है शिमला-कालका शिवालिक एक्सप्रेस
कि उसके पहियों की घड़घड़ के साथ थरथराता-सा लगता है
'डेल विला' का अपना घर
पहाड़ों के बीच प्रतिध्वनित होती लौटती है सीटी की आवाज़
पुकारती हो जैसे कि चलो अगर चलना है अपने शहर...
हुलसकर दौड़ने को होता है मन
लेकिन दूसरे ही पल अपनी गैलरी में निकलकर
चिल्लाकर कहता हूँ
तुम्हारा क्या भरोसा, तुम तो छोड़कर चल दोगी आधे रास्ते पर
दूर जाती सीटी की आवाज़ शरारती प्रेमिका की तरह हँसती है
कहती है—
तय करो चाहे जितना
रास्ता तो हमेशा आधा ही तय होता है
कौन किसका साथ देता है पूरे रास्ते तक
यह क्या कम है कि आधे रास्ते तक तो मैं साथ दूँगी तुम्हारा...

वाक्य को अधूरा-सा छोड़ती
पहाड़ों में गुम हो जाती है!

[दो]

बरसात टीन की छत पर बजाती है जल तरंग
नींद धीरे-धीरे सीढ़ियाँ उतरती है
तकिए के पीछे दुबका कोई सपना
शरारत करके घर लौटे बच्चे-सा
दबे क़दमों से धीरे-धीरे
आँखों में
प्रवेश करता है

जैसे उसे देख लिये जाने का डर हो!

[तीन]

यहाँ कभी भी आ जाती है बरसात
कभी भी सारे रास्तों पर छा जाती है धुन्ध
धुन्ध के बीच पता ही नहीं चलता
कि कहाँ समाप्त होता है पहाड़
और बादल कहाँ से शुरू होता है

धुन्ध में चलते हुए
कोई बहुत पुरानी फ़िल्म याद आती है

कोई याद आते-आते धुन्ध में खो जाती है!

[चार]

सोचता हूँ कितनी सीढ़ियाँ हैं हर जगह
इस वायसरीगल लॉज* में

---

* वायसरीगल लॉज को अब राष्ट्रपति निवास कहा जाता है।

वायसराय और लेडी डफरिन के शयन कक्ष की ओर जाती
लाल मख़मली कार्पेट से ढकी लकड़ी की सीढ़ियों पर चढ़ते हुए
अक्सर लगता है कोई मेरा पीछा कर रहा है
मेरे क़दमों की आवाज़ का पीछा करती
आती है किसी और के क़दमों की आवाज़
नहीं, कोई जासूसी या भूत की कहानी मैं नहीं सुनाऊँगा
हालाँकि भूतों की कहानियों की कोई कमी नहीं है यहाँ

इन सीढ़ियों पर चढ़ते हुए अक्सर मुझे महसूस होता है
जैसे हमारा ही अतीत
अब तक पीछा कर रहा है
हमारे वर्तमान का।

[पाँच]

टीन की छत पर अचानक मची लंगूरों की धमा-चौकड़ी से
एकाएक टूट जाता है सोचने का सिलसिला
हाथ से फिसलकर गिरता है काँच का गिलास
कोई सपना राई की तरह बिखर जाता है

छत से एक ही छलाँग में बग़ल के पेड़ की डगाल
पकड़ लेता है लंगूर
अगली डगाल पकड़ने की कोशिश में विचार
फिसलकर गिर पड़ता है बीच में ही
बन्दर से आदमी बनने की प्रक्रिया में जो पाया
उसे गिनाने की हड़बड़ी में
जो खो दिया उसका इन्दराज करना हम भूल गए

लंगूर की तरह छलाँग नहीं मार सकता विचार!

बन्दरों और लंगूरों से जुड़ी न जाने कितनी यादें हैं बचपन की!

लुटियन* इस बात पर तो यक़ीन कर लेने को तैयार था
कि शिमला को बन्दरों ने बनाया है
लेकिन वह चाहता था
कि ये नामकूल बन्दर दुबारा ऐसी कोई हिमाकत करें
तो उन्हें गोली मार देना चाहिए

लेकिन इस समय दुनिया भर में मचे कोहराम से ज़्यादा
उटपटाँग क्या है?

ओ हमारे पूर्वजो!
तुममें और हममें कम-से-कम एक बात तो यकसाँ है
कि हम दोनों ही न ख़ुद चैन से बैठते हैं
और न दूसरों को चैन से रहने देते हैं!

[छह]

हर रोज़ पहाड़ से उतरता हूँ, पहाड़ पर चढ़ता हूँ
पर अक्सर भूल जाता हूँ कहाँ ख़त्म होती हैं पोढ़ियाँ
और रपटा कहाँ शुरू होता है
बारिश के शुरू होते ही सारे रास्तों पर जम गई है काई
पाँव बार-बार फिसलता है
रेलिंग पकड़ते डर लगता है
बिच्छू बूटी की किसी डाली से छू न जाएँ हाथ

मैंने सिसीफ़स की तरह कोई अपराध नहीं किया
किसी से नहीं किया दुर्व्यवहार, न किसी के गुप्त रहस्य को उजागर किया

---

* एडविन लुटियन : नई दिल्ली का वास्तुकार, सन्दर्भ : 'वायसरीगल लॉज', लेखक राजा भसीन

मैं झूठ बोलकर टारटॉरस से भागकर धरती पर नहीं आया
लेकिन फिर भी एक अदृश्य पत्थर को लेकर रोज़ चढ़ता हूँ
हर दिन वह पत्थर लुढ़ककर नीचे आ जाता है

मैं सिसीफ़स की तरह रोज़ एक ही क़वायद दोहराता हूँ।

[सात]

ऑड्री हैरिस* कौन थी मैं नहीं जानता!

वह घुमक्कड़ औरत अकेले ही चीन, जापान, तिब्बत और अफ़ग़ानिस्तान
से होती हुई भारत पहुँच गई

साल–डेढ़ साल तक घूमते–घूमते वह शिमला पहुँची
यह उन दिनों की बात है जब जॉर्ज पंचम का निधन हुए
ज़्यादा वक़्त नहीं बीता था
रिवाज़ के अनुसार सरकारी इदारों में अभी तक अर्धशोक का
कर्मकांड जारी था
वह वायसराय भवन पहुँची और उसने शोक–पुस्तिका पर
अपना नाम दर्ज़ किया
तीन दिन बाद उसे वायसराय भवन में भोज पर आमंत्रित किया गया
बैंड पर बजे इंग्लैंड के राष्ट्रगीत के बाद जब अपने झबरे कुत्ते के साथ
वायसराय और लेडी वायसराय ने भोजन कक्ष में प्रवेश किया
तो सुर्ख़ रोशनियों के बीच सारी मेज़ों पर लगे भोजन को देखकर
जाने क्यों अजीब–से अपराध बोध से भर गई ऑड्री हैरिस
उसे यकायक लगा कि कहीं चाँदी के इन बर्तनों में
भूतपूर्व वायसराय की अस्थियाँ और राख तो नहीं हैं!

---

* ऑड्री हैरिस : सन्दर्भ : 'वायसरीगल लॉज', लेखक राजा भसीन

कौन थी ऑड्री हैरिस?

अन्याय की स्मृति क्या बदल चुकी थी
अस्थियों और राख में?

28 अगस्त से 27 सितम्बर, 2014

रेल लाइन का भूत

रात अँधेरी थी और मैं कालका–शिमला रेल लाइन की
टनल नम्बर 103 में चला जा रहा था
अचानक मेरे दिमाग़ के दरवाज़े पर दस्तक हुई
किसी ने झाँककर कहा कि जानते हो
यह उत्तर–औपनिवेशिक रात का अँधेरा है
उच्च अध्ययन संस्थान में यह शब्द इतनी बार सुनता था
कि अब खाना खाते, नहाते–धोते, सोते–जागते हर कभी, हर कहीं
यह सुनाई दे जाता था
कोई कहता था तुम्हारा खाना उत्तर–औपनिवेशिक खाना है
और तुम्हारा नहाना उत्तर–औपनिवेशिक स्नान
अचानक टूटा मेरा ध्यान

किसी आदमी ने एकदम पास आकर मुझसे पूछा
क्या तुम इस अँधेरी सुरंग से बाहर जाना चाहते हो?
मैं एक पल को अचकचाया पर दूसरे ही पल मुझे कुछ याद आया
और मैंने कहा
—ओह! तो तुम ही हो वह अंग्रेज़ भूत!
मैं तुम्हें बहुत अच्छे से जानता हूँ
जानता हूँ, मैंने उसके चेहरे को ग़ौर से देखते हुए कहा
जानता हूँ कि तुम इसी सुरंग में घूमते रहते हो
रात भर
मैंने तुम्हारे बारे में कई कहानियाँ पढ़ी हैं

उसने मेरी बातों पर कोई तवज्जो नहीं दी
बेमन से सुनता रहा वह मेरी बात
और किसी बात का कोई उत्तर भी नहीं दिया

उसने दुबारा पलटकर किया फिर वही सवाल
क्या तुम इस अँधेरी सुरंग से बाहर जाना चाहते हो?
—क्या सचमुच इस समय सम्भव है
इस अँधेरी सुरंग से बाहर निकल सकना?
मैंने पलटकर सवाल किया उससे

मैं भूत हूँ उसने चिढ़कर कहा
मैं वर्तमान के बारे में नहीं जानता!
—तो क्या तुम ख़ुद जा सकते हो इस सुरंग से बाहर?
मैंने फिर पूछा।
मेरी और तुम्हारी हालत में ज़्यादा फ़र्क़ नहीं है
जैसे तुम्हें नहीं सूझ रहा है बाहर का रास्ता
ऐसे ही मैं भी बरसों से भटक रहा हूँ इस सुरंग में
उसने कहा।
—तो क्या तुम्हारे समय में सम्भव था इस अँधेरी सुरंग से बाहर जाना?
मैंने फिर पूछा।
उसने लगभग पिंड छुड़ाने के अन्दाज़ में
तेज़ी से पलटकर जाते हुए कहा
अगर यह सम्भव होता तो मैं कभी का भाग नहीं गया होता
इस अँधेरी सुरंग से बाहर!

29.6.14

पानी

पानी कई-कई बार हमें अपनों से दूर ले गया

उसने हमारी काग़ज़ की नावें ही नहीं
सचमुच की नावें और जहाज डुबो दिये
हमारे खिलौने छीन लिये
बेशक़ीमती चीज़ें लूट लीं
और कहीं भीतर अपने तलघर में छिपा आया
उसने हमारी बस्तियों को उजाड़ दिया
बेघर-बार कर दिया हमारे बाल-बच्चों को
हमारे खेतों को तहस-नहस कर डाला
हमें भूख के हाथों में बिलबिलाता हुआ
छोड़ दिया
वह हमारी स्त्रियों और मासूम बच्चों को
चुराकर ले गया
भयानक घड़ियाल, पनीले साँप और ख़तरनाक
मछलियों को पाला उसने
और हमें डराने की हर सम्भव कोशिश की

लेकिन हम उससे डरे नहीं, डरते भी तो कहाँ जाते
वह हमारे घड़ों में था, हमारे गगरों और कसेड़ियों में
वह हमारे मोतियों पर चमक की तरह मौजूद था
वह हमारे कपड़े धोता था, हमें नहलाता-धुलाता था

यहाँ तक कि वह हमारी देह में सबसे ज़्यादा
जगह घेरे हुए था
और कभी-कभी जब आँख में डबडबा आता था
तो उससे सारे गिले-शिकवे ख़त्म हो जाते थे।

रतजगा

छियालीस डिग्री के ऊपर चढ़ गया है तापमान
बुख़ार से जैसे तप रहा है आसमान

पिघल रही है चाँद की धातु
गल-गल कर टपक रहे हैं तारे
आओ शहर के हुनरमन्द सुनारो आओ
चाँद की धातु से गढ़ो मेरी प्रिया के लिए
कंगन, करधनी और नौलखा हार
तारों की चाँदी से बनाओ पायल
बिछिया और चाबियों का झूमर
देखो, खोट मत मिलाना
सोना मत काटना

पस्त है हवा पत्ती तक नहीं हिल रही कहीं
मरगिल्ले चूहे-सा उछलता है समुद्र
लेकिन तपती चट्टानों पर नाचते गा रहे हैं
माँदर और काँसे की थाली बजा-बजाकर
झाबुआ मेघनगर और जोबट से आए भील
अकाल हर बार ले आता है उन्हें
हमारे शहर
हमारे शहर की तमाम सड़कें निकली हैं उनके ही अकाल से

कम हो रहा है धरती में पानी
कम हो रहा है कुओं में, नदियों में, तालों में पानी
आँखों में पानी कम हो रहा है
बिना पानी का सोना बिना पानी की चाँदी
कैसी लगेगी पायल कैसा लगेगा हार?

बक रहा हूँ जुनून में जाने क्या अनाप-शनाप
बिगड़ चुका है पूरी तरह
मौसम का मिज़ाज!

नदी का रास्ता

इस रास्ते पर पहले भी कई बार आया हूँ

पहले यह एक नदी का रास्ता था
पहले यहाँ शीरीं नाम की एक बरसाती नदी बहती थी
पानी के शोर से भरा रहता था सारा इलाक़ा
कि बारिश के बाद जब सूख जाती थी नदी
तो इतना सन्नाटा भर जाता था आस-पास के घरों में
कि लगता जैसे बिटिया की विदाई के बाद का कोई घर हो
कई रात लोग ठीक से सो नहीं पाते
सारे साल नदी के लौट आने का इन्तज़ार करते

अब इस रास्ते से कोई नदी नहीं गुज़रती
अब पत्थरों पर कहीं काई और पानी के निशान नहीं
पानी की आवाज़ जैसे बन्द किसी पत्थरों के क़िले में
कुछ साल बाद किसी को याद भी नहीं रहेगा
कि इस रास्ते कोई नदी गुज़रती थी
किसी को याद भी नहीं आएगा उस नदी का नाम

कभी किसी क़िताब में भूले से कोई पढ़ेगा उस नदी का नाम
तो ढूँढ़ भी नहीं पाएगा कि कहाँ किस रास्ते गुज़रती थी नदी
कोई चिड़िया चहककर बताना भी चाहेगी कभी
तो कौन समझेगा उसकी भाषा

बचा रह गया कोई पेड़ चुपचाप एक पत्ता गिराएगा
उसकी स्मृति में बचे हुए पानी के स्वप्न में

सड़क पर गिरेगा पत्ता
और किसी कार के पहिए पर चिपककर चला जाएगा दूर...।

20.6.10

राजा भोज ने तालाब बाँधा

दो पहाड़ियों के बीच राजा भोज ने एक तालाब बाँधा
तो छह स्रोत कम पड़ गए
राजा का बस चलता तो छह स्रोत के एवज़ में
वर्ष की गणना से छह दिन घटा देता
सूरज के एक टुकड़े पर काला कपड़ा बाँध देता
चाँद का टुकड़ा तोड़कर कुत्तों को खिला देता
चक्की का पाट बाँध देता धरती सहित सारे ग्रहों के पैरों में
पर उसे तो तीन सौ पैंसठ स्रोतों वाला तालाब चाहिए था
उसी में बन्द था उसके रोगों का उपचार

दो पहाड़ियों के बीच राजा भोज ने तालाब बाँधा
तालाब इतना बड़ा कि धरती पर उसकी जोड़ का दूसरा नहीं
लहरें जब तट से टकरातीं
तो समुद्र होने का भरम पैदा होता
तीन सौ उनसठ स्रोत मिल गए राजा भोज को
पर छह स्रोत कम पड़ गए

सारी-सारी रात महल की छत पर चक्कर काटता था
बेचैन राजा भोज
हवा आती, कान में फुसफुसाती
राजा तुम्हारा तालाब अधूरा है
सूरज ज़ख़्मों पर तपती उँगली रखकर कहता

राजा तुम्हारा तालाब अधूरा है
चाँद चिकोटी काटता
राजा तुम्हारा तालाब अधूरा है
रोग था कि बढ़ता ही जाता था
तिल-तिल रोज़ गलता जाता था राजा का शरीर

साहूकारों ने कहा हमारी तिजोरी में बहू-बेटियों के गहने हैं
किसानों का ख़ून-पसीना है
पर पानी के सोते हम कहाँ से लाएँ महाराज
सैनिकों ने कहा राजा आदेश दे तो हम नगर की सारी बावलियाँ
और कुएँ उलीच दें तालाब में
ख़ून की नदियाँ बहा दें और जोड़ दें तालाब से
पर पानी के नए सोते हम कहाँ से लाएँ
पानी तो वो ही खोज सकता है
जिसकी उँगलियों को धरती जानती हो
जिसके छूते ही सतह के नीचे की जल-नाड़ियाँ झनझना जाएँ
राजा की चाकरी के बाद हमारी आत्मा में कहाँ वैसा बल

तो दो पहाड़ियों के बीच राजा भोज ने तालाब बाँधा
तो छह स्रोत कम पड़ गए
तो बेचैन राजा भोज ने कहा जाओ खोजो उस जन को
जिसके तलवे पाताल पानी की सरसराहट महसूस कर लेते हों
जिसके कान सुन लेते हों पानी की सबसे धीमी आवाज़
जिसके बुलाने पर भरोसा कर धरती से बाहर
उछल आता हो पानी
तब चारों दिशाओं में खोजी दौड़े
हिरन दौड़े जंगल-जंगल
खरगोशों ने ढूँढ़ा, कछुओं ने ढूँढ़ा
परिन्दों ने दूर-दूर तक आसमान से धरती पर ढूँढ़ा
चूहों ने बिलों में ढूँढ़ा, बिल्लियों ने क़िलों में ढूँढ़ा

ढूँढ़ा सर्पों ने ढूहों में, केंचुओं ने मिट्टी के नीचे ढूँढ़ा
आख़िर कब तक छिपता कालिया भील
प्रकट हो उसने छह स्रोतों की नदी बनाई
जो कलिया स्रोत कहलाई
इस तरह दो पहाड़ियों के बीच राजा भोज ने जो तालाब बाँधा
पूरा हुआ

लोगो, एक बात तो लेकिन मैं बताना भूल ही गया
पर क्या करूँ परिन्दों ने क़सम दी है
कि वह बात किसी को बताना नहीं
तो तुम्हीं कहो कि क़सम कैसे तोड़ दूँ
तो इस क़िस्से को यहीं छोड़ता हूँ...।

22.11.07

❑❑❑